수많은 풍물에 대해
그가 이룬 시 세계를 섭렵해 가다 보면
한결같이 묘출해서 흥미진진하기 이를 데 없을 정도다.

조선 민중의 언어, 최상의 시인

되살아난

김삿갓 시혼 詩魂

▌차례

한 시대를 조롱하며 한시(漢詩)를 해체(解體)한,
현실 비판자, 김삿갓

한 시대를 조롱하며 한시(漢詩)를 해체(解體)한,

현실 비판자, 김삿갓

김삿갓의 본래 이름은 김병연(金炳淵)으로, 조선 23대 왕인 순조 7년(1807)에 양주(지금의 의정부)에서 김안근의 차남으로 태어났다. 자는 성심(性深)이고 호는 난고(蘭皐)였지만 평생 동안 김삿갓 또는 '삿갓'의 한자(漢字)인 '립(笠)'을 써서 김립(金笠)으로 통했다. 원래 그가 태어날 무렵에는 집안이 유복했지만, 그의 나이 여섯 살 때 그를 일생 동안 떠돌며 세상을 조롱하면서 살게 만든 일대 사건이 발생한다.

순조 11년(1811년)에 서북인을 차별하는 데 대해 불만을 품고 있던 홍경래가 결국 난을 일으켰는데, 당시 선천 부사로 있던 김병연의 할아버지 김익순(金益淳)이 반란군들에게 붙잡혔다가 겨우 살아나왔다. 그런데 그 후 김익순은 반란군의 장수였던 김창시의 목을 돈을 주고 산 다음, 자신이 공을 세운 것처럼 조작하려다가 발각되어 처형되고 말았다. 처음에는 일가 멸족의 형벌을 받았지만, 나중에 폐족 처분이 되면서 사면되어 가까스로 멸문지화는 면할 수 있었다.

폐족이란 오늘날의 기준으로 보면 공민권을 박탈하는 것으로서 사회적인 사형 선고나 마찬가지였다. 때문에 김병연 일가는 결국 더 이상 고향에서 살지 못하고 황해도 곡산 땅에 가서 숨어 살아야 했다. 그 곳에서 아버지 김안근이 울화병을 얻어 죽자, 그의 어머니는 자식들을 데리고 다시 강원도 영월 땅으로 옮겨 가서 살았다.

김병연의 어머니는 혼자 몸으로 어렵게 어린 자식들을 키우며 통한의 세월을 살았다. 자기 자식들에게 가문의 내력을 숨긴 채 죽은 듯이 살아갈 수밖에 없었던 것이다.

그러나 김병연은 스물다섯 살이 되던 해에 그 동안 갈고 닦은 글재주를 시험해 보기 위해 영월 도호부 동헌에서 개최한 백일장에 참가했다. 여기에서 김병연은 장원을 했는데, 그때 주어진 시제는 '논정가산충절사탄김익순죄통우천(論鄭嘉山, 忠節死, 嘆金益淳罪通于天)'으로, 홍경래의 난 당시 가산 군수 정시의 충절을 기리고 선천 부사 김익순의 하늘까지 사무치는 죄를 통탄하라는 내용이었다.

가문의 내력에 대해서 전혀 알지 못했던 김병연은 뜨거운 젊은이의 기개로 김익순의 죄상을 낱낱이 밝히는 글을 써서 장원을 했다. 그러나 그런 사실을 알게 된 그의 어머니가 결국 한 많은 집안 내력을 그에게 알려 주었다.

그 때부터 김병연은 세상과 자신을 한탄하면서 살아가게 되었다. 자신의 글 재주가 오히려 조상을 더욱 욕되게 만들고, 폐족 가문 출신이기 때문에 세상에 자신의 뜻을 펴는 일이 불가능하다는 현실을 알게 되자, 그 동안 익힌 학문은 도리어 고통을 만드는 불씨가 되었다.

상심하면서 반년 가까이 두문 불출하던 김병연은 자신을 얽매고 있는 가정이라는 틀에서 벗어나고 싶다는 충동을 느꼈다. 때문에 백일장이 열렸던 이듬해에 금강산 구경이나 다녀오겠다는 말을 남기고 집을 떠났다. 당시 이미 혼인하여 돌이 지난 아들까지 있는 처지었는데도, 김병연은 '조상을 욕되게 만든 자가 하늘 아래 얼굴을 들고 다니는 것은 옳지 못하다'는 생각 때문에 커다란 삿갓을 눌러 쓰고 다녔다. 김병연이 김삿갓이 되어 버린 연유가 바로 그것이다.

김병연은 우리나라 방방곡곡을 찾아다니면서 사람들을 만나고 시를 지었다. 그는 서민들을 만나고 그들과 함께 하고 사랑했으며 함경도, 관서 지방의 길주, 함흥, 안변, 묘향산, 안주, 평양, 대동강, 부벽루, 구월산, 황해도의 신계, 광탄, 장주 송도(개성), 경기도 장단, 금강산, 충청도 부여, 서산의 마도, 영남 지방의 정주, 진주, 전라도의 남원, 옥구, 화순, 동복 장흥, 강진 등을 방문한 것으로 작품 속에 드러나 있다.

오늘날의 김삿갓은 '김병연' 한 사람만 있는 게 아니다.

경기도 광주 출신의 '김난(金鸞), 함경도 출신의 '한삼택', '김사립', '김대립', '김초문', 그리고 1930년대 말까지 생존해 있던 인물도 있었다.

이 많은 '무명 시인(無名詩人)'들을 한 명의 민중 시인인 '김삿갓'으로 탄생하게 만든 것이다.

그러니까 그 유명한 일본의 민중 시인인 '이시카와 다쿠보쿠[石川啄木(석천탁목)]'로 삼고자 한 것이다.

갈매기처럼 앞머리가 벗겨진 벼슬길 떠난 늙은이가
우스꽝스럽게도 황소와 바꿀 만한 안경을 쓰고 있다.
그 꼴이 장비의 고리눈처럼 둥글고
촉나라의 범이 웅크리고 있는 것 같으며
눈동자가 두 개라던 항우를 흉내 내고

형주 땅 원숭이가 물에 빠진 형상이로다.
울타리를 탁탁 뚫는 사람으로 갑자기 의심되기도 하지만
물가에서 울어 대는 비둘기처럼 글은 잘 읽겠구나.
어려서 쓸데없는 일을 많이 했는지 안경까지 걸치고도
봄날 화창한 대낮에 화려한 말을 거꾸로 타고 있는지도 모른다.
※ 눈동자가 두 개라던 항우 : 이 구절은 순(舜) 임금의 눈에는 아마도 두 개의
눈동자가 있었다[舜目蓋重瞳子(순목개중동자)]라는 구절을 말한 것으로, 「항우
본기」에는 항우의 눈동자도 둘이라고 기록되어 있다.

 강릉에서 그 해의 겨울을 보낸 김병연은 봄이 오자 동해 바닷가를
따라 북상하며 방랑을 계속했다.
 낙산 관음굴에서 자살하려는 여인을 말리며 지었다는 시에는 그
의 천재성이 잘 나타나 있다.

이대로 저대로 되어 가는 대로
바람 치는 대로 물결 치는 대로
밥이면 밥을, 죽이면 죽, 이대로 살아 가고
옳으면 옳고, 그르면 그르고, 저대로 맡기리라
손님 접대는 집안 형세대로
시장에서 사고 팔기는 세월대로
만사를 내 마음대로 하는 것만 못하니
그렇고 그런 세상, 그런 대로 지나세

此竹彼竹化去竹　風打支竹浪打竹
차죽피죽화거죽　풍타지죽낭타죽
飯飯粥粥生此竹　是是非非付彼竹

반반죽죽생차죽 시시비비부피죽
賓客接待家勢竹 市井賣買歲月竹
빈객접대가세죽 시정매매세월죽
萬事不如吾心竹 然然然世過然竹
만사불여오심죽 연연연세과연죽

 구절 끝마다 대나무 '죽(竹)'자를 나열한 점도 특이하지만, 우리말
의 뜻인 '대'로 읽도록 시를 지은 점이 재미있다.
 간성까지 올라온 병연은 어느 날 관동 팔경의 하나인 청간정을 찾
았다. 그 곳에서는 마침 한 무리의 선비들이 시를 지으며 술을 마
시고 있었다. 술이라도 한잔 얻어먹을 생각에 김병연이 그 자리에
동참하려고 하자 그들은 먼저 통성명을 요구했다.
 김병연에게는 이런 때가 가장 고통스러웠다. 자신의 오욕스러운
지난 내력을 다시 떠올리기 싫었기에 그는,
 "시골 촌놈이 무슨 변변한 이름이 있겠습니까? 성은 김가고 이름
 은 입(笠)이라고 합니다."
하고 대답했다. 상대방들도 그에게 뭔가 말 못 할 사연이 있겠거니
여기고 더 이상 캐묻지 않았다. 그의 행색과 이러한 문답을 통해
그는 어느덧 '김삿갓'이라고 불리게 되었다.
 김병연은 그 곳에서도 청산유수와 같은 즉흥시를 지어 선비들을
놀라게 한 뒤에 술 몇 잔을 얻어먹었다. 한시(漢詩)는 형식이 까다
로운데다가 1, 2구와 마지막 4구에 반드시 운자(韻字)를 달도록 되
어 있어서 시를 짓기가 여간 어려운 것이 아니다. 따라서 아무리
한문이나 학문에 대한 소양이 깊더라도 즉석에서 짓기는 쉽지 않
다. 바로 이런 점에서 즉흥시를 많이 지어 낸 김삿갓의 천재성이
드러난다.

고성에서 온정리를 지나 금강산에 오른 김병연은 곳곳에서 유람 나온 사람들과 만나 술을 얻어 마시며 아름다운 경관을 노래한 시를 많이 지었다. 특히 그는 '금강산에 가 보지 않은 사람이 풍류를 안다고 하는 것은 무식한 소리'라고 꾸짖기도 했다.

외금강 일대를 빠짐없이 돌아본 김병연은 다시 온정리로 돌아와 며칠 동안 쉬고, 이번에는 옥류동과 동석동 계곡을 유람했다.

어느덧 날이 어두워지자 김병연은 근처에 있는 유점사에서 하룻밤 묵을 생각으로 절을 찾았다. 유점사는 워낙 넓은 절이었기에 이곳저곳 승방을 기웃거리며 유숙하게 해 달라고 청할 사람을 찾아야 했다. 다행히 한 승방에서 웬 노승이 젊은 선비와 필담(筆談)을 나누고 있는 모습이 보였기에 김병연은 그 곳으로 가서 하룻밤 잠자리를 베풀어 달라고 사정했다.

하지만 그들은 한창 재미있게 이야기를 나누고 있는데 웬 과객이 끼어들어 흥이 깨졌다는 투로 시큰둥한 반응을 보였다. 때문에 불쑥 반감이 생긴 김병연은 자신도 시를 조금은 할 줄 아니 대화에 끼워 달라고 부탁했다. 두 사람은 행색이 남루한 자가 시를 논한다는 것이 가소롭게 느껴졌지만 어디 한 수 지어 보라는 식으로 지필묵을 내주었다.

김병연은 두 사람의 얼굴을 힐끗 보고 나서 툇마루에 걸터앉아 단숨에 글씨를 써 내려갔다. 그들은 어줍잖게 선비인 것처럼 뭔가 끄적거리는 김병연을 못마땅하게 보았던지, 그러지 말고 언문풍월(諺文風月)이나 하자고 제의했다.

이미 두 사람을 잔뜩 비꼬는 내용으로 시를 지은 김병연은 슬며시 한쪽으로 지필묵을 밀어 놓고는 그러자고 대꾸했다.

노승은 김병연을 한번 골려 주리라 작정했기에 일부러 어려운 운자를 고르려고 한동안 생각에 잠겼다.

김병연이 어서 운자를 부르라고 재촉하자, 노승은 비로소 생각났다는 듯이 '타'하고 운자를 부르고는 재미있어 하는 표정으로 병연을 쳐다보았다. 하지만 병연은 운자가 불려지자마자 절의 경내를 돌아보면서 거침없이 한 구절을 말했다.

"사방 기둥 벌겋타."

노승은 '요행으로 첫 구절은 지었겠지'하는 얼굴로 다음 운자를 불렀다.

"타."

"석양 행객 시장타."

노승은 이번에는 '제법이다'라고 생각하며 또 운자를 불렀다.

"타."

"네 절 인심 고약타."

김병연은 자리를 털고 일어나면서 마지막 구절을 내뱉고는 휘익 돌아섰다.

노승은 아무런 대꾸도 하지 못하고 봉변을 당했다는 듯이 혀만 끌끌 찰 뿐이었다. 함께 있던 선비는 둘의 수작이 재미있다는 표정으로 승방 밖으로 나오다가 조금 전에 김병연이 밀어 놓은 종이를 펼쳐 들었다. 그 때까지 미소를 머금고 있던 젊은 선비는 그 내용을 읽더니 분기탱천하여 길길이 뛰며 어찌할 줄을 몰라 했다.

중놈 대가리는 둥글둥글한 것이 땀 난 말 불알이요
선비 놈 대가리는 뾰족뾰족한 것이 개좆일세
목소리는 구리 방울을 구리 속에 떨어뜨린 것 같고
눈깔은 허여멀건한 죽에 검정 후추 떨어진 듯하네

僧首團團汗馬閬 儒頭尖尖坐拘腎

승수단단한마랑 유두첨첨좌구신
聲令銅鈴零銅鼎 目若黑椒落白粥
성령동령영동정 목약흑초낙백죽

　금강산 유람을 끝낸 김병연은 안변에서 며칠 동안 머물다가 함흥
을 둘러보기 위해 다시 길을 나섰다. 때는 겨울이어서 고원 땅에
들어섰을 때 폭설로 인해 길이 끊어졌기에 봄이 될 때까지 어쩔 수
없이 그 곳에 머물러야 했다.
　어느덧 봄이 되어 얼음이 녹자, 김병연은 함흥으로 다시 발길을
옮겼다. 함흥은 그의 할아버지 김익순이 선천 부사로 부임하기 전
에 근무했던 곳이어서 내심 가 보고 싶던 터였다. 함흥을 향해 길
을 나섰을 때는 어느덧 집을 떠난 지 3년이 지난 헌종 1년(1835)
이었으며 그의 나이 스물여덟 살이었다.
　함흥을 구경하고 난 뒤에는 한동안 단천에서 머물렀는데 그 곳에
서 가련이라는 기녀에게 지어 주었다는 시 한 수가 전해지고 있다.

가련한 행색의 가련한 몸이
가련의 문 앞에서 가련을 찾네
가련한 이 내 뜻을 가련에게 전하면
가련이 이 가련한 맘을 알아나 줄까.

可憐行色可憐身　可憐門前訪可憐
가련행색가련신　가련문전방가련
可憐此意傳可憐　可憐能知可憐心
가련차의전가련　가련능지가련심

그의 작품으로는 드물게 구애시(求愛詩) 한 편을 남겨 놓았던 것이다.

기생 가련의 집에서 한동안 머물던 김병연은 다시 단천을 떠나 북행길에 나서 함경도 북쪽 지방을 모두 유랑하고는 부령 땅에서 또 그 해의 겨울을 보냈다.

다시 봄이 찾아오자 그는 두만강 지역까지 돌아보고 나서 문득 가족 생각이 났는지 영월 땅으로 돌아왔다,

김병연이 귀가하고 나서 얼마 후에 어머니가 세상을 떠났다. 다행히 어머니의 임종을 지켜볼 수 있었던 김병연은 맏형 병하가 이미 죽고 없었기 때문에 상주 노릇을 하느라고 3년여 동안 집에 머물게 되었다.

그즈음 그의 젊은 아내는 둘째 아이를 낳았다. 맏아들 학균이도 잘 커서 귀엽기만 했기에 김병연은 마음을 잡고 가족들과 함께 살아 보려고 했다. 하지만 그러면 그럴수록 고통과 회한의 상념만이 물밀듯이 밀려왔다. 4년여 동안의 방랑을 끝내고 집에 돌아왔건만 뼛속까지 스며드는 허망함은 도저히 떨쳐 버릴 수가 없었다. 그래서 김병연은 또다시 방랑길로 나섰다. 아내도 그런 남편의 태도 때문에 여생을 체념하고 있었다. 가족과 함께 있는 시간이 곧 고통이었던 김병연은 쫓겨나는 것 같은 심정으로 다시 길을 떠나게 되었다.

이번에는 원주 쪽으로 방향을 잡았다. 그 근방을 구경하고 서울 방향으로 길을 떠났는데, 도성이 가까워질수록 인심이 사나워졌으며 지평 부근에서는 유숙하기를 청해도 문전 박대를 당하기 일쑤였다. 때문에 김병연은 어쩔 수 없이 한뎃잠을 자면서 고단한 나그네의 삶을 비유한 시 한 수를 남겼다.

스무 나무 아래 서러운(서른) 나그네가
망할(마흔) 놈의 집에서 쉰밥을 얻어 먹네
인간 세상에 어찌 이런(일흔) 일이 있으랴
차라리 집에 돌아가 서른(설익은) 밥을 먹으리라

二十樹下三十客　四十家中五十食
이십수하삼십객　사십가중오십식
人間豈有七十事　不如歸家三十食
인간개유칠십사　불여귀가삼십식

　이 조롱시는 함경도 지방의 어느 부잣집에서 냉대를 받고 나그네
의 서러움을 한문 숫자 새김을 이용하여 표현한 것이다.
　*二十樹 : 스무나무는 '느릅나무'과에 속하는 나무 이름
　*三十客 : 三十은 '서른'이니, '서러운'의 뜻이다. 곧 '서러운 나그네'
　*四十家 : 四十은 '마흔'이니, '망할' 즉, '망할 놈의 집구석'이라는 뜻
　*五十食 : 五十은 '쉰'이니, '쉰(상한)'의 뜻으로, '쉰 밥'이다.
　*七十事 : 七十은 '일흔'이니, '이런'의 뜻으로 쓴 것이다.
　*三十食 : 三十은 '서른'이니, 여기서는 '설익은 밥'이라는 뜻이다.

　지평에서 겨우겨우 하루를 보낸 그는 마침내 망우리 고개를 넘어
서울에 다다르게 되었다.
　김병연은 그즈음 우연히 우전 정현덕을 만났다. 정현덕은 김병연
이 유일하게 평생 동안 친분을 나눈 사람이며, 어린 나이에 과거에
합격한 수재로서 훗날 형조 참판까지 지냈지만 대원군과 민씨 일
파의 권력 투쟁에 희생되어 사약을 받은 인물이다. 김병연이 정현
덕보다 세 살 위였지만 그들은 곧 서로를 인정하는 가까운 벗이 되

었다.

 김병연은 서울에 머무는 동안 정현덕의 도움으로 편안하게 여기저기 구경하며 지낼 수 있었다. 그러나 아무리 편해도 한 곳에 오래 머물 수 없는 것이 나그네의 숙명인지, 어느 날 정현덕의 친구들과 함께 목멱산(남산의 다른 이름) 계곡에서 한창 풍류를 즐기던 김병연은 잠시 할 일이 있다면서 자리를 뜨더니, 그 길로 영영 돌아오지 않았다.

 김병연은 다시 방랑길에 올라 북쪽으로 방향을 잡고 파주를 거쳐 개성에 이르렀을 때 또다시 문전 박대를 당했는지 개성 인심에 대해서 한탄하는 시, '읍호개성(邑號開城)'이 남아 전한다.

고을 이름 개성(開城)이면서 어찌하여 문을 닫으며
산 이름 송악(松嶽)인데 왜 땔 나무가 없다고 하는가.
황혼(黃昏)에 손님을 쫓아내는 것은 사람의 도리가 아닌데
동방예의지국에서 너희들만 진시황이냐.

邑號開城何閉門 山名松嶽豈無薪
읍호개성하폐문 산명송악개무신
黃昏逐客非人事 禮儀東方子獨秦
황혼축객비인사 예의동방자독진

 개성을 떠나 평양에 도착한 김병연은 소문을 듣고 그를 흠모하던 소야월이라는 기생을 만나 한동안 함께 지내기도 했지만 또 다시 홀연히 길을 나서 안주 땅에 도착했다. 그 곳은 김병연 집안의 비극이 시작되었던 땅이었기 때문에 온갖 회한으로 인해 괴로움을 겪어야 했다. 김익순이 처형되었던 정주성을 지난 김병연은 오로지

걷고 또 걸어서 하루 만에 철산에 이르렀다.

날이 어두워지자, 서당을 찾아 하룻밤 묵기를 청해 보기로 했다. 김병연의 처지에서는 문자 나부랑이라도 아는 서당 훈장이 상대하기가 더 쉬웠기 때문이지만, 예상과는 달리 서당 훈장은 김병연의 말을 듣자마자 바로 퇴짜를 놓았다. 그러다가 스스로 생각해도 심하다 싶었던지 자기가 부르는 운자에 맞추어 시를 지어 선비라는 것을 증명하면 재워 주겠다고 했다.

인심 사납지 않게 불청객을 쉽게 쫓아 보내는 방법으로 생각한 것이 시 짓기였던 것이었다.

훈장은 까다롭고 어려운 글자를 고르느라고 한참 동안 궁리하다가 마침내 운자를 불렀다.

"멱!"

김병연이 물었다.

"무슨 멱자입니까?"

훈장은 그것 보라는 듯이 대꾸했다.

"찾을 '멱(覓)'자도 모르시오?"

김병연은 잠시 뜸을 들이다가 첫 구절을 지었다.

"허다운자하호멱(許多韻字何呼覓, 수많은 운자 중에 하필이면 멱자요)."

훈장은 또다시 운자를 불렀다.

"멱!"

이번에는 스스럼없이 곧바로 대답했다.

"피멱유난황차멱(皮覓有難況此覓, 조금 전 멱자도 어려웠는데 이번에도 또 멱자요)."

훈장은 은근히 약이 올랐는지 운자를 부르는 소리가 갑자기 커졌다.

"멱!"

"일야숙침현어멱(一夜宿寢懸於覓, 하룻밤 묵는 것이 오직 멱자에 달렸나 보구나)."

훈장은 기가 찼는지 목소리에 힘이 없었다.

"멱!"

"산촌훈장단지멱(山村訓長但知覓, 산골 훈장이 아는 글자라고는 멱자 뿐이로구나)."

그러자 훈장은 더 이상 계속하지 못하겠다는 표정으로 겨우 열여덟 살의 청년, 김병연을 쳐다보았다. 그리고 말투마저 공손해졌다.

"나도 글줄이나 한다고 자신하지만 당신처럼 '사멱난운(四覓難韻 : 네 번 멱자의 어려운 운자)'을 거뜬히 해결하는 사람은 처음 보겠네."

그리하여 김병연은 시 짓기를 조건으로 유숙을 허락한 훈장 덕택에 하룻밤을 편안하게 잘 수 있었다.

그 동안 김병연은 곳곳을 유람하면서 자연히 서당 신세를 많이 질 수밖에 없었는데, 훈장들에 대한 인식이 별로 좋지 않았는지 훈장을 조롱하는 시들이 꽤 많다. 그 중에서 다음의 시 한 수가 유난히 눈에 띈다.

서당을 일찍부터 알고 와 보니
방 안에는 모두가 귀한 분들일세.
생도(학생)는 모두 열 명도 못 되고
선생은 와서 보지도 않네

書堂乃무至 房中皆尊物
서당내조지 방중개존물

先生來不謁　生徒諸未十
선생내불알　생도제미십

'욕설모서당(辱說某書堂)'이라는 제목답게 지독한 욕설의 나열이다. 각 구절의 끝에 있는 세 글자들을 음독하면서 차마 입에 옮겨 담을 수 없는 지독한 욕설이 되기 때문이다.

* 早知(조지) : 일찍부터 알다
* 尊物(존물) : 귀한 분
* 諸未十(제미십) : 모두 열 명이 안 되다
* 不謁(불알) : 만나지도 않다

　김병연은 철산에서 의주까지 갔다가 압록강을 따라 계속 북상하여 초산에 이르러 뜻하지 않은 인연을 만나 한동안 가정을 꾸미고 훈장 생활로 2년 정도를 보냈다.
　첫 번째 방랑에서도 고원 근방에서 잠시 간질병 있는 처녀의 서방 노릇을 한 적이 있었는데, 또다시 팔자에 없는 객지 혼인을 경험하게 된 것이다. 방랑 생활 동안 간혹 여자 경험을 하기는 했지만 살림을 차린 것은 두 번이었다.
　그러나 어느 가을 밤, 김병연은 야반 도주하듯이 초산 땅을 벗어나 또다시 유랑 생활을 시작했다.
　마음 같아서는 백두산 등정까지 하고 싶었지만 길이 험하고 겨울도 닥쳐오고 있었기에 부득이 남쪽으로 발길을 돌려야 했다. 백두산 대신 겨울의 묘향산을 둘러본 김병연은 2년 반 만에 다시 평양을 찾았다.
　평양에 들어서자마자 예전에 한동안 정을 나눴던 기생 소야월의 집을 찾아갔지만 소야월은 그 동안 병들어 죽고 없었다. 인생은 한

낱 뜬구름같이 부질없다고 했지만 젊디젊은 그가 갑자기 죽었다는 것이 도저히 믿기지 않았다. 한동안 삶의 무상함에 넋을 잃고 지내던 김병연은 황해도 은율의 구월산으로 가서 심신의 허탈함을 털어 버린 후에 서울로 다시 돌아왔다.

서울에서 친한 벗인 정현덕과 그의 친구들에게 신세를 지면서 한동안 지내고 있었는데, 고관으로 있던 족제(族弟: 아우뻘이 되는, 같은 성을 가진 먼 친척)인 김병익으로부터 한성을 떠나 달라는 부탁을 받고 가족이 있는 영월 땅으로 두 번째 귀향을 하게 되었다. 당시 세상을 주무르는 노론(老論) 세도가 안동 김씨 일파였던 김병익의 입장에서도 김병연의 존재는 매우 껄끄러웠던 모양이었다.

영월에 돌아왔을 때 김병연의 나이는 어느덧 42세였다. 젊어서 처음으로 집을 떠나 30대가 되어서 한 번 돌아왔다가 또다시 길을 떠나 40대가 되어서야 다시 집이라고 찾아든 것이다. 때문에 아내는 완전한 남처럼 무심한 처지가 되어 버렸고, 자식들도 그리 살갑게 느껴지지 않았다. 가족들도 마찬가지였다.

결국 병연은 다시 방랑길을 나설 수밖에 없었다. 그가 머리를 두고 숨 쉴 수 있는 세상은 자기와 무관한 사람들이 살고 있는 객지뿐이라는 것을 새삼스럽게 깨닫게 되었기 때문이다.

이번에는 남도 지방을 여행하기로 했다. 집을 나선 지 며칠 지나지 않아서 충주를 거쳐 문경 새재까지 갔는데, 그의 몸은 이미 한창 때와 달라졌기에 쉬지 않고 고갯길을 넘는 것은 힘에 부치는 일이었다. 그래서 김병연은 문경에서 한동안 머물며 지냈다. 그런데 뜻하지 않은 묘지 분쟁에 휩쓸려 옥살이까지 했는데, 헌종이 죽고 철종이 등극한 후에야 특사로 겨우 풀려날 수 있었다.

당시에는 풍수지리가 일반 사람들에게 널리 퍼져 있었기에 명당자리를 잡기 위한 분쟁이 꽤 많았다. 그것을 '산송(山訟)'이라 하는

데 심한 경우 명당이라고 알려지면 남의 땅에 시신을 몰래 묻기까지 했다. 김병연은 결국 쟁송(爭訟 : 소송 다툼)에 휘말리게 되었으며 그로 인한 옥살이로 인해 방랑하는 동안 몸만 더 상하게 되었다.

문경에서 겨우 풀려난 김병연은 낙동강을 건너 대구로 들어갔다. 대구에서 며칠을 보낸 후에 운문산을 유람하고 경주, 의성을 거쳐 안동까지 올라갔다. 안동은 그의 시조인 삼태사(三太師) 김선평의 분묘와 이퇴계의 사당이 있는 곳이었기에 김병연은 한동안 그 곳에서 훈장 생활을 하면서 지내기도 했다.

자신의 뿌리에 대한 그리움과 성인으로 추앙 받는 이황의 향기를 그리기 위해서였는지 김병연은 그 곳에서 매우 오랫동안 머물렀는데, 그렇게 한 것은 문경에서 겪은 옥살이 때문에 건강이 좋지 못해 쉽게 먼 길을 떠날 수 없었기 때문이기도 했다.

김병연은 어느 정도 몸이 회복되자 또다시 아무런 미련도 없이 북쪽으로 길을 떠나서 예천, 영주를 지나 죽령을 넘고자 했다. 그러나 한 번 약해진 몸은 쉽게 회복될 수 없었는지 풍기쯤에 이르러 그만 길에서 정신을 잃고 쓰러지고 말았는데, 마침 지나가던 사람이 그를 발견하고 자기 집에 데려가 간호해 주었기에 객사할 위기를 간신히 넘기기도 했다.

그 집에서 꼬박 한 달 이상 누워 지낸 김병연은 너무나 오래 신세를 지는 게 미안해서 억지로 길을 나섰지만, 아직 험한 길을 갈 수 있는 상태는 아니었다. 때문에 그는 결국 염치 없는 일이기는 하지만 집으로 가기로 했다. 그래도 병든 몸을 의탁할 수 있는 곳은 가족밖에 없었던 것이다. 김병연이 병든 몸을 이끌고 세 번째로 집에 돌아왔을 때 그의 나이는 벌써 50대에 들어서고 있었다.

젊었을 때 집을 떠나 10년쯤마다 한 번씩 죽지 않고 얼굴이라도 보여 주는 것이 반갑기는 했지만, 그의 가족에게 그는 타인과도 같은 존재였다. 아내도 이미 늙었고 맏아들 학균은 장가를 들어 김병연에게는 어느덧 손자까지 생겼다. 첫 번째 귀향 때 얻었던 둘째 아들 익균도 어느덧 의젓한 장부가 되었음은 물론이다.

김병연은 그들에게 아무것도 해 주지 못한 자신이 한스럽게 느껴지기까지 했다. 자식들 보기도 면목이 없고 낯선 며느리를 똑바로 보기가 부끄럽다는 생각이 들었다.

결국 건강을 어느 정도 되찾게 되자, 김병연은 가족들의 만류를 뒤로 한 채 또다시 집을 나섰다. 그 길로 그는 정현덕을 만나기 위해 곧장 서울로 향했다. 하지만 그 때 정현덕은 동래 부사로 가 있었기에 만나지 못하자, 그를 직접 찾아 나서겠다고 작정하고 충청도 쪽으로 길을 잡아 떠났다. 다시 방랑길에 나선 김병연은 차려고개를 넘어 공주, 부여를 둘러보고 석성에서 전라도 방향으로 길을 잡아 전주까지 들어갔다.

어느 날 전주의 명물인 완산에 올라 만경대 부근에서 경치를 살펴보다가 한 무리의 풍류패들을 만나서 동참하게 되었다.

거기서도 술을 얻어먹은 값으로 시 한 수를 남겼는데 그 내용이 거들먹거리는 양반들을 통렬히 비판하는 것이었다. 풍류객 중 한 사람이 운자를 불렀는데, 술에 취한데다 김병연의 초라한 행색을 보고 무시하는 심사로 한글 자음을 닥치는 대로 불렀다. 말하자면 그것은 희롱이었다.

"기역!"

"요하패기역(腰下佩ㄱ) : 허리춤에 'ㄱ'을 달랑 꿰어 차고."

"이응!"

"우비천이응(牛鼻穿ㅇ) : 소의 코는 'ㅇ'을 꿰뚫었구나."

"리을!"

"귀가수리을(歸家修ㄹ) : 집에 돌아가서 'ㄹ'을 수양하여라."
"디귿!"
"불연점디귿(不然點ㄷ) : 그렇지 않으면 'ㄷ'에 점을 찍게 되겠구
나."
 허리 아래에는 'ㄱ'자 모양의 낫을 차고
 소의 코에는 'ㅇ'자 모양의 코뚜레를 하였네
 집에 가서 자기[己] 스스로 수양하여라
 그렇게 하지 않으면 '디귿(ㄷ)'자에 점 보탠 'ㄷ(망)'자가 되리라

이 시는 한문과 한글 자음을 섞어 쓴 시인데, 이런 형태의 시는 조
선 후기에 자주 발견되는 형태이기도 한 것이다.
 어떤 학자는 이 시를 김병연의 시가 아니라, 정조 임금 때 정승을
지낸 '이서구(李書九)'가 쓴 시라고 주장하는 견해도 있다.

 김병연은 그 길로 전주를 떠나 지리산을 넘어 경상도 땅으로 들어
가 드디어 정현덕이 있는 동래에 도착했다. 그 곳에서 옛 친구를
만나 한동안 머물다가, 해변을 따라 다시 전라도로 들어가 무장 땅
에서 잠시 훈장 생활로 겨울을 보내고, 그 다음 해에는 전라도 전
지역을 돌아다녔다.
 그 시절, 그는 몸이 많이 약해졌기에 힘들어하면서도 술만 보면
정신없이 마시는 등 자신을 학대하는 모습을 보이기도 했다. 늙고
병든 자신의 처지를 한탄한 시도 이 시절에 지은 것인데 그의 해학
적인 기지가 번뜩이고 있다.

하늘은 길어서 잡을 수가 없고
꽃은 늙어 나비도 오지 않는구나.

국화는 찬 모래밭에서 피고
나뭇가지 그림자는 연못 위에 반쯤 드리웠다
강변 정자 옆을 가난한 선비가 지나다가
크게 취하여 소나무 아래 엎드렸네.
달이 기우니 산 그림자마저 바뀌는데
시장을 오가며 이익을 얻어 오네.

天長去無執 花老蝶不來 菊樹寒沙發 枝影半從地
천 장 거 무 집　화 로 접 불 래　국 수 한 사 발　지 영 반 종 지
江亭貧士過 大醉伏松下 月利山影改 通市求利來
강 정 빈 사 과　대 취 복 송 하　월 이 산 영 개　통 시 구 리 래

이 시는 모든 한자를 우리말 소리로 읽어야 한다.
천장에는 거미 집이요
화로는 겻불내라
국수 한 사발이요
지렁(간장)은 반 종지라
강정 빈 사과요
대추 복숭아라
워리(개를 부르는 소리) 사냥개요
통시(변소) 구린내라

　전라도에서 또 한 해의 겨울을 맞이한 김병연은 마침내 체력의 한
계를 느끼고 길가에 쓰러졌다. 다행스럽게도 인근 주민에게 구조되
었지만 다시 일어나지 못하고 철종 14년(1863)에 56세의 나이로
운명하고 말았다.

그가 죽기 얼마 전에 둘째아들 익균이 그를 찾아와 몇 번이나 귀향을 권했지만 그는 끝내 도망치듯 사라져 버렸다. 그 때 김병연은 마치 자신의 운명을 예견하기라도 한 듯 시 한 수를 지었다.

歸兮亦難佇亦難 幾日彷徨中路傍
귀혜역난저역난 기일방황중로방
돌아가기도 또한 어렵고 머물기도 또한 어려워라
그 얼마나 길에서 방황하였던가

체념과 회한이 담겨져 있는 이 시의 내용처럼, '김삿갓' 김병연은 평생을 방랑한 나그네답게 먼 타향 땅의 길가에서 저 세상으로 떠났다.

그로부터 3년 후에 둘째아들 익균이 부친을 자기가 살고 있던 영월군 하동면 와석리 어둔 노루목으로 이장하였다.

제1장
자연시

秋(추) 외 30수

石白 석백

石白松靑山老小 석백송청산로소
風丹苔碧巷春秋 풍단태벽항춘추

돌은 희고

돌은 희고 솔은 푸르니
산은 늙기도 젊기도 하고.
단풍은 붉고 이끼는 푸르니
이 세상 봄가을이 함께 있네.

《감상》
봄이든 가을이든 그 어느 계절과 관계 없이 자연은 아름답다는 것을 읊은 시.

秋陰 추음

邨裡重陽不記名　둔리중양불기명
故人書到喜平生　고인서도희평생
登樓便有登山意　등루편유등산의
送馬還乘送酒情　송마환승송주정
病起黃花今歲色　병기황화금세색
秋深落木異鄕聲　추심락목이향성
此來相見爲佳節　차래상견위가절
快上前宵獨月明　쾌상전소독월명

구름 낀 가을

시골에 살아 중양(重陽)이라는 말도 잊고 있었는데
옛 사람 글에 중양을 대하니 너무도 기쁘구나
다락에 오르니 산에 오를 생각이 드는데
말을 보내니 오히려 술 보낸 정보다 낫더라.
앓다가 일어나 보니 노란 국화 한창이요.
가을 깊어 낙엽 지니 마치 별천지 같구나.
또 여기 온 뜻은 아름다운 가을 풍경 보려 함이니
지난 밤 나 홀로 밝은 달 구경했네.

《 감상 》
중양(重陽) : 음력으로 9월 9일을 뜻한다. 즉, '9(九)'라는 숫자는 '양(陽)'을 뜻하는데, 이 '九'가 중양(重陽)이라 한다. 이런 좋은 계절에 필자는 벗님과 함께 이 곳에 와 놀았다면 좋았을 것. 어젯밤에는 결국 나 혼자 쓸쓸히 달 구경을 하며 보냈다는 외로운 심경을 드러내었다.

秋夜偶吟 추야우음

白雲來宿碧山亭　백운래숙벽산정
夜氣秋懷兩杳冥　야기추회양묘명
野水精神通室白　야수정신통실백
市嵐消息入簾淸　시람소식입렴청
生來杜甫詩爲癖　생래두보시위벽
死且劉怜酒不醒　사차유영주불성
慾識吾儕交契意　욕식오제교계의
勿論淸濁謂刎頸　물론청탁위문경

가을 밤에 우연히 읊다

흰 구름은 푸른 산 정자에 와서 잠들고
밤 기운 가을 회포 깊고도 아득하도다.
들에 흐르는 물의 정기 방 안에 숨어들어 시리도록 서늘하고
시정의 잡다한 소식은 발 속으로 들어와 새롭기만 하구나.
'두보'는 나서부터 시 짓기가 버릇이요
'유영'은 죽어서도 술이 깨지를 않았다네.
나와 함께 사귈 뜻이 있다면,
청탁은 물론이고 문경지교(刎頸之交)로 마셔야 한다네.

《감상》
嵐(람)은 산에서 부는 바람이다. 가을 정자에 앉아 술을 마시노라니 만감이 교차한다. 시
잘 짓던 두보와 술 잘 먹던 유영은 따지고 보면 김삿갓과 매우 닮은 구석이 있다. 나(김삿
갓)와 사귀고 싶다면 술은 청탁(淸濁)을 따지지 말고 술독을 완전히 비울 때까지 마셔야
진정한 벗이라고 읊었다.

上元月 상원월 : 달구경

看月何事依小樓　간월하사의소루
心身飛越廣寒頭　심신비월광한두
光垂八域人皆仰　광수팔역인개앙
影入千江水共流　영입천강수공류
曠古詩仙曾幾問　광고시선증기문
張生藥兎來應愁　장생약토래응수
圓輪自重金宵出　원륜자중금소출
碧落雲霽廓已收　벽락운제곽이수

보름달

달 구경을 어찌 작은 누각에서 할 일인가,
몸과 마음 날려서 광한루로 가 보세.
천지에 달 비치니 모든 사람 바라보고
천강 속에 달그림자 물과 함께 흐르네.
옛날 이태백은 몇 번이나 말했던가,
달 속에 옥토끼와 시름 같이 나누자고
둥근 달 이 밤에 두둥실 높이 뜨니
검은 구름 모두 걷혀 푸르기만 하구나.

《감상》
'상원(上元)'은 '가장 큰 보름' 달은 온 천지 어디서나 바라볼 수 있고 누구라도 볼 수 있다. 비록 작은 누각에서 달 구경을 하더라도, 마음만은 광한루 같은 큰 곳으로 날아가서 유유자적하게 달을 맞이할 수 있는 것이다. 강이 천 개 있으면 그 강에 비친 달 그림자도 천 개요, 하늘이 만리나 뻗어 있으면 만리 하늘에도 달은 다 있다. 김삿갓의 풍부한 시적 상상력을 엿볼 수 있는 시이다.

落葉 낙엽

盡日聲乾啄啄鴉	진일성건탁탁아
虛庭自屯減空華	허정자둔감공화
如戀故香徘徊下	여련고향배회하
可恨餘枝的歷斜	가한여지적력사
夜久堪聽燈外雨	야구감청등외우
朝來忽見水西家	조래홀견수서가
知君去後惟風雪	지군거후유풍설
怊悵離情倍落花	초창이정배락화

낙엽

하루 종일 목이 쉬도록 쪼아대는 까마귀
빈 뜰에 낙엽이 쌓여 빈 터가 줄었네.
옛 정취 못 잊어 나무 밑 맴돌다가
남은 가지 그리워 마지못해 떠나네.
밤새도록 빗소리 창밖에 들리더니
아침 되자 홀연히 강 건너 집 보이네.
낙엽아, 너 가고 나면 눈보라가 치겠구나.
애절한 이별의 정 낙화보다 더하네.

《감상》
저무는 가을! 우수수 잎 지는 소리가 까마귀 우는 소리처럼 들린다. 제 자란 나뭇가지에
미련이 남아 잎조차도 땅에 떨어지되 그 나무 밑은 벗어나려 하지 않는구나. 고향을 멀리
떠난 김병연의 서럽고 안타까운 심회를 읊은 시이다.
여기서의 '香(향)'은 '향기'가 아닌 '아름다움'을 뜻한다.

落花吟 낙화음

曉起飜驚滿山紅	효기번경만산홍
開落都歸細雨中	개락도귀세우중
無端作意移粘石	무단작의이점석
不忍辭枝倒上風	불인사지도상풍
鵑月靑山啼忽罷	견월청산제홀파
燕泥香逕蹴全空	연니향경축전공
繁華一度春如夢	번화일도춘여몽
坐嘆城南頭白翁	좌탄성남두백옹

낙화

새벽에 깨어 온 산이 붉어진 것을 보고 깜짝 놀랐네
가랑비 속에 꽃은 피고 지는구나
까닭 없이 바위에도 옮겨 붙고
차마 못 떠나 바람 타고 오르기도 하네
두견새는 청산에서 울다 그치고
비는 진흙에 붙은 꽃잎을 공중으로 차 올리는구나
이렇듯 영화는 한때의 꿈같은 봄이요,
성남의 머리 흰 늙은이가 앉아서 탄식하네.

《감상》
덧없이 지나가는 짧은 봄을 인생에 비유하여 읊은 시이다.

風月 풍월

風失苦行路 풍실고행로
月得新照處 월득신조처(김립)
風動樹枝動 풍동수지동
月昇水波乘 월승수파승(여인)

청풍(淸風) 명월(明月)

바람이 옛 길을 잃었다면
달은 새롭게 비출 곳 찾았으리(김삿갓)
바람이 불어야 나뭇가지가 움직이고
달이 떠올라야 물결도 높이 일지요(여인)

《감상》
김삿갓과 어느 여인이 한동안 못 보다가 만난 장면이다.
여인의 앙탈이 눈에 보이듯 그려진다. 즉, '바람(김삿갓)이 늘 다니던 옛길 잃었다고 말하지만, 달(여인)은 새로 마음 줄 곳을 얻지 않았느냐? 하고 말하니, 여인은 '흥, 바람이 불어 와야 내 마음도 흔들리고 달이 높이 떠야 파도도 일렁일 것 아네옷!'하고 톡 쏘아 주는 맛이 맵다.

伐木 벌목

虎踞千年樹　호거천년수
龍顚一夕空　용전일석공
杜楠前後無　두남전후무
桓斧古今同　환부고금동
影團三更月　영단삼경월
聲虛十里風　성허십리풍
出門無所見　출문무소견
澨首望蒼穹　소수망창궁

나무를 베다

호랑이가 꿇어앉은 듯한 천년 고목
용이 넘어지듯 하룻밤 사이에 없어졌네.
'杜子美(두자미 : 두보)' 정원에 녹나무 하나뿐인데,
'桓頹(환퇴)'의 도끼는 옛날이나 다름이 없네.
나무가 없어지니 삼경(三更)의 달 그림자도 없어지고,
십리 바람에 나무 스치는 소리도 없네
문을 나서도 보이는 것 없으니
머리를 긁적이며 하늘만 보네.

《감상》
수백 년 된 아람드리 나무가 하룻밤 사이에 무참히 베어지고 없다. 강산의 옷이 바로 나무인데, 나무가 벌목되어 벌거숭이로 변해 가는 모습을 보고 있으면 마치, 살점이 떨어져 나가는 듯 마음이 쓰린 작자의 심경을 읊은 시이다.
'환퇴'는 고대의 도끼질 잘 한 명인이다.

仙人畫像 선인화상

龍眠活手妙傳神　용면활수묘전신
玉斧銀刀別樣人　옥부은도별양인
萬里浮雲長憩處　만리부운장게처
九天明月遠懷辰　구천명월원회진
庶幾玄圃乘鸞跡　서기현포승란적
太半靑城幻鶴身　태반청성환학신
我慾相隨延佇立　아욕상수연저립
訝君巾履淡非眞　아군건리담비진

선인의 모습

'용면'의 조각 솜씨로 새긴 신기한 모습 전하니
옥도끼로 쪼고 은칼로 깎아서 만든 별천지 사람일세.
만리 뜬 구름은 이 신선이 오래 쉬는 곳이요
구천의 밝은 달은 그가 멀리 동경하는 星辰(성진)이로다.
몇 번이나 현포에서 '난새'를 탔으며
얼마나 청성에서 학을 타고 갔던가?
나도 그대 따르고자 기다리고 섰으니
신발 끄는 소리만 들릴 뿐 만날 수는 없구나

《감상》
잘 새긴 신선의 화상을 보면서 지은 시다. 김삿갓은 자기도 신선이 되어서 함께 어울렸으
면 하는 마음을 품었다. 불어오는 바람에 마치 신선의 옷자락이 끌리는 소리가 들리는 듯
환청마저 일어난다.

力拔山 역발산

南山北山神靈日 남산북산신령왈
項羽當年難爲山 항우당년난위산 [甲童(갑동)]

右拔左拔投空中 우발좌발투공중
平地往往多神山 평지왕왕다신산 [乙童(을동)]

項羽死後無將士 항우사후무장사
誰將拔山投空中 수장발산투공중 [金笠(김립)]

힘은 산을 뽑다

남산 북산 신령들이 모여앉아 말하기를
항우가 있을 때는 산 노릇하기도 어려웠네.[갑동]

오른쪽 산, 왼쪽 산 공중으로 마구 뽑아 던져
평지에는 새로운 산 자꾸자꾸 생겼다네.[을동]

항우가 죽은 뒤에 장사도 없으니
누가 감히 산을 뽑아 공중으로 던질고.[김립]

《감상》
김삿갓이 어느 서당에 들렀더니 훈장이 '역발산'이라는 제목으로 학동들에게 詩(시)를 지으라고 했다. 학동들의 글 솜씨가 보통이 아니었다. 이 모양을 본 김삿갓은 몹시 놀라워하며 슬그머니 자기도 한 수 지어 놓고 몰래 나와 버렸다.

聽曉鐘　청효종

霖雨長安時孟秋　임우장안시맹추
嶠南歸客獨登樓　교남귀객조등루
吼來地上雷霆動　후래지상뇌정동
擊送人間歲月流　격송인간세월류
鳴吠俱淸千戶裏　명견구청천호리
乾坤忽肅九街頭　건곤홀숙구가두
無窮四十年間事　무궁사십년간사
回首今宵又一悲　회수금소우일비

새벽 종소리

장마비 내리는 장안은 마침 초가을인데
남쪽에서 돌아온 객이 홀로 누각에 오르더라.
마침 들려오는 종소리는 지상을 흔들어
인간 만사 세월과 함께 몰아 보내는 듯하다네.

닭소리 개소리가 千戶(천호) 속에 맑게 들리더니
홀연히 온 천지 거리가 적막해지더라.
지난 사십 평생 한 많은 나의 사연들
돌이켜 생각하니 오늘밤 더욱 슬프리라.

《감상》
지나온 마흔 평생을 돌이켜 생각하니 슬픈 감회가 이는 심정을 읊었다.

遊山吟　유산음

一笠茅亭傍小松　일립모정방소송
衣冠相對完前客　의관상대완전객
橫籬蟬蛻涼風動　횡리선세양풍동
藥圃虫聲夕露濃　약포충성석로농
秋雨纔晴添晚署　추우재청첨만서
暮雲爭出幻寄峰　모운쟁출환기봉
悠悠萬事休提設　유유만사휴제설
未老須謨選日逢　미로수모선일봉

산에서 노닐며 읊다

외로운 삿갓 하나로 작은 솔밭 정자에서 쉬니
먼저 온 나그네와 얼굴을 서로 대하게 되었도다.
울타리에 매미 우니 서늘한 찬바람 불고
약포에 들리는 벌레 소리에 저녁 이슬이 짙어 오더라.
가을 비 겨우 개고 나니 늦더위 기승을 부리고
저녁 구름 불쑥불쑥 다투어 기이한 봉우리를 이루더라.
세상 만사 유유한데 작은 일따위 논하지 말라
아직 젊으니 나중에 다시 만날 날을 기약하세.

《감상》
따로 지붕을 한 작은 정자 옆에 삿갓을 걸어 놓고 쉬노라니 먼저 와서 쉬는 다른 나그네
의 얼굴을 가까이서 대하게 된다. 세상사 모두 유유하니 작은 일에 마음 두지 말고 다시
만나 회포나 나누자면서 새로 만난 사람과 대화하는 정경을 읊었다.

喜雨亭 희우정

畵簾薪捲西山暮　화렴신권서산모
賀語東南石燕舞　하어동남석연무

韓公詩歌慰滿吟　한공시가위만음
甌老軒名豊樂取　구로헌명풍악취

因基沛然翼然成　인기패연익연성
萬理烟花亭有主　만리연화정유주

東坡建筆善記事　동파건필선기사
不獨滋亭爲喜雨　부독자정위희우

凌虛臺號雪迎新　능허대호설영신
遠景樓謠風根古　원경누요풍근고

明時愧我乏霖資　명시괴아핍림자
百謫風霜湖海若　백적풍상호해약

岐陽一雨際下車　기양일우제하거
旱餘神功厥施普　한여신공궐시보

方春和氣本記漢　방춘화기본기한
日陽休徵洪範禹　일양휴징홍범우

吾爲太守欲志喜　오휘태수욕지희

一亭何心記玆土　일정하심기자토

長烟勝狀岳陽稱　장연승장악양칭
落霞閑情藤閣覩　낙하한정등각도

登臨此樂摠雨賜　등림차락총우사
肇錫嘉名帖郡簿　조석가명첩군부

舞邊霽月映畵欐　무변제월영화량
未了油澐繞繡戶　미료유운요수호

風調上瑞合大有　풍조상서합대유
一州風謠登八釜　일주풍요등팔부

先公後私祝田周　선공후사축전주
背音臨陽瞻室魯　배음임양첨실로

分明某年某月名　분명모년모월명
上樑都扁參一矩　상량도편참일구

商羊舞處至田畯　상양무처지전준
療鳥飛時成棟宇　요조비시성동우

官娥淸奏雨中樂　관아청주우중락
酒欄紅亭歌舞譜　주란홍정가무보

반가운 비 내리는 정자

그림 같은 고운 발을 걷고 보니 석양이요
제비는 지저귀며 동남으로 날아가네.

한유는 시를 지어 '위삼농'을 읊었고
구양수는 집 이름을 풍악이라 하였네.

비 쏟아져 정자 보니 두 날개를 활짝 폈고
만리에 안개꽃 피니 내가 정자 주인이라.

소동파는 글 짓는 재주가 뛰어나서
이 정자 이름을 유별나게 희우라고 했던가.

능허대는 설부 작품 새로 지은 것이고
원경루 노래 풍은 근고자를 노래했네.

태평시에 어진 신하 자격 없어 부끄럽고
백 번이나 귀양 가는 모진 풍상 맛보았네.

기양 땅 수레 내릴 때 마침 비가 내려서
가뭄 끝에 신의 은총이 골고루 베풀어지네.

바야흐로 봄의 화창한 기운은 한나라 본기이며
홍범편 우왕의 밝은 정치 펼쳐지네.

태수인 나는 기쁜 날을 갖고자 하는데

이 정자의 이름을 무엇이라고 기록할까.

악양루 올라가 안개 장관 글로 썼고,
등왕각 저녁 안개 한가로운 광경일세.

정자 올라 즐기는데 별안간 비 내리니
정자 이름을 군청 장부에 '희우'라고 등기했네.

비 갠 뒤에 맑은 달 대들보 그림 비추고
끝없이 이는 구름은 이 정자를 수놓으리.

기후가 순조로워 큰 풍년이 올 것이며
한 고을 풍년가가 천지를 울리겠네.

공전 먼저 사전 나중, 주나라 토지 제도
뒤는 음기 앞은 양기 노나라 집 짓는 법

모년 모월 이름을 분명히 정하고서
수석 목수 이름 써서 상량하는 법이라네.

상양이 춤추는 곳 토지 농부가 찾아오고
빗속에 새가 날 때 마루 추녀 완성되었네.

관기들은 우중곡을 솜씨 좋게 연주하고
술 좌석 고운 정자 노래 춤이 요란하네.

雪 설

天皇崩乎人皇崩　천황붕호인황붕
萬樹靑山皆被服　만수청산개피복
明日若使陽來弔　명일약사양내조
家家簷前淚滴滴　가가첨전누적적

눈

천황(天皇)이 죽었는가 인황(人皇)이 죽었는가
온갖 나무 산과 들 모두 상복을 입었구나.
내일 만일 태양이 와서 조문하면
집집마다 처마에서 눈물이 줄줄 흐르리라.

《 감상 》
온세상을 뒤덮은 백설(白雪)을 보고 지은 절구(絶句)이다.
눈이 녹아 흐르는 물을 눈물에 비유하였다.

雪日 설일

雪日常多晴日或　설일상다청일혹
前山旣白後山亦　전산기백후산역
推窓四面琉璃壁　추창사면유리벽
分咐寺童故掃莫　분부사동고소막

눈 오는 날

늘 눈이 내리더니 어쩌다 개어
앞산은 이미 하얗고 뒷산도 하얗구나.
창문 열고 보니 사방이 온통 유리벽(壁)이니
시동에게 분부하여, 구태여 쓸지 말게 하라.

《감상》
눈이 많이 오는 함양 땅에 갔다가 소문대로 온 천지가 흰 눈에 쌓인 것을 보고 감회가 일
어 지은 시이다.
※ 寺童 : 여기서는 '寺'자가 '절 사' 아닌 '관청 시'자이다. 따라서 '寺童'은 '시동'이라 읽
는다.

雪景 설경

飛來便便三月蝶　비래편편삼월접
踏去聲聲有月蛙　답거성성유월와
寒將拂去多言雪　한장불거다언설
醉惑以留更進盃　취록이류갱진배

눈 오는 풍경

휘날리는 눈송이는 춘삼월의 나비 형상이요
눈 밟는 소리마다 6월의 개구리 소리더라.
주인은 추워서 못 간다고 눈을 핑계대고
취하면 혹시 머물까 하고 다시 술잔을 내오더라.

《감상》
눈이 오는데도 길을 떠나려는 김삿갓을 주인이 만류한다. 그래도 떠나려는 삿갓에게 혹시
술이 취하면 마음을 돌리지 않을까 해서 다시 술을 권하는 광경이 정겹다.

雪中寒梅　설중한매

雪中寒梅酒傷妓　설중한매주상기
風前槁柳誦經僧　풍전고류송경승
栗花落花尨尾短　율화낙화방미단
劉花招生鼠耳凸　유화초생서이철

눈 속에 핀 매화

눈 속에 핀 매화는 술로 상심(傷心) 달래는 기녀 같고,
바람에 날리는 마른 버들은 경을 외는 스님이라.
떨어진 밤꽃은 삽살개의 짧은 꼬리 같고,
석류꽃이 처음 피니, 새앙쥐 귀가 뾰족한 것 같더라.

《감상》
설중 매화와 버들과 밤꽃과 석류꽃을 재치 있게 잘 배합해서 만든 재미있는 글이다.

金剛山　금강산

一步二步三步立　일보이보삼보립
山靑石白間間花　산청석백간간화
若使畵工摸此景　약사화공모차경
其於林下鳥聲何　기어림하조성하

금강산

하나둘 세 걸음 걷다가 서서 보면
산 푸르고 돌 흰데 틈틈이 꽃이 피네.
화공이 그렸는가, 이 좋은 경치를
저기 저 수풀 아래 지저귀는 새 소리는 어찌 할꼬.

《감상》
아름다운 금강산을 단 넉 줄로 표현한 시이다.

一峰二峰三四峰 일봉이봉삼사봉

一峰二峰三四峰 일봉이봉삼사봉
五峰六峰七八峰 오봉육봉칠팔봉
須臾更作千萬峰 수유갱작천만봉
九萬長天都是峰 구만장천도시봉

하나 둘 셋 네 봉우리

하나 둘 셋 네 봉우리
다섯 여섯 일곱 여덟 봉우리라.
잠깐 동안에 천만 봉우리가 새로 생겨나
구만 리 하늘이 온통 구름 봉우리로다.

《감상》
짙은 구름 속에서 무수히 드러나는 금강산 봉우리를 세어 보며 시름에 겨운 김 삿갓이 지은 즉흥시이다.

江湖浪跡 강호랑적

江湖浪跡又逢秋	강호랑적우봉추
約伴詩朋會寺樓	약반시부회사루
小洞人來流水暗	소동인래류수암
古龕僧去白雲浮	고감승거백운부
薄遊小答三生願	박유소답삼생원
豪飮能消萬種愁	호음능소만종수
擬把淸懷書柿葉	의파청외서시엽
臥聽西園雨聲幽	와청서원우성유

강호의 물결 흔적

정처없이 떠돌다가 또다시 가을 만나
시우(詩友)들과 기약하여 절간 누각(樓閣)에 모였네.
골짜기 들어 서니 흐르는 물 어둑하고
스님 가는 뒤를 따라 구름만 뭉게뭉게
평생 소원 금강산에서 잠시나마 놀아 보면
잔 들어 통음하니 온갖 시름 사라지네
맑은 회포 읊어 내어 감 잎새에 적어 보고
잠시 누워 들어 보는 빗소리도 그윽하네

《감상》
벗들과 기약하여 금강산 구경을 하며 느낀 감회를 읊은 것이다.

綠靑碧路 녹청벽로

綠靑碧路入雲中　녹청벽로입운중
樓使能詩客住笻　누사능시객주공
龍造化含飛雪暴　용조화함비설폭
劍精神削揷千峰　검정신삭삽천봉
仙禽白幾千年鶴　선금백기천년학
澗樹靑三百丈松　간수청삼백장송
僧不知吾春睡惱　승부지오춘수뇌
忽無心打日邊鐘　홀무심타일변종

검푸른 산길

검푸른 산길 따라 구름 속에 들어서니
정자가 시인의 지팡이를 머물게 하네.
용의 조화는 눈 내리는 듯한 폭포를 머금었고
칼의 정신 하늘 높이 솟은 봉우리를 깎았네.
신선 세계의 저 흰 새는 신선 타는 천년 학
냇가의 나무는 삼백 장 큰 소나무.
스님은 모르리라 봄에 취한 내 마음
한낮에 들려 오네 무심한 저 종소리.

《감상》
금강산 아름다운 경치에 넋을 잃고 있는데, 폭포와 천년 학, 게다가 멀리서 절간의 종소
리가 들려오는 정경을 멋지게 표현한 시이다.

答僧金剛山詩 답승금강산시

百尺丹岩桂樹下 백척단암계수하
紫門久不向人開 자문구불향인개
今朝忽遇詩仙過 금조홀우시선과
喚鶴看庵乞句來 환학간암걸구래
矗矗尖尖怪怪奇 촉촉첨첨괴괴기
人仙神佛共堪凝 인선신불공감응
平生詩爲金剛惜 평생시위금강석
及到金剛不敢詩 급도금강불감시

스님의 금강산 시에 답하다

백 척 높은 붉은 바위 계수나무 그늘 밑
사람 없어 삽짝문 오래도록 닫혔는데
오늘 아침, 지나가는 시 짓는 신선을 문득 만나
타고 가는 학을 불러 암자로 그를 청했다네.
우뚝우뚝 뾰족뾰족 경계가 기이해서
시선(詩仙)과 신령님도 부처님마저 깜짝 놀라는구나.
금강산을 읊는 것이 내 평생 소원인데
막상 금강산 와서 보니 시 한 수를 못 짓겠네.

《감상》
금강산에서 시를 잘 짓는 스님을 만나 서로 뜻이 맞아 지은 글로 김삿갓은 막상 금강산
앞에 다다르니 너무나 아름답고 웅장한 산세에 넋을 잃어 한 마디 말도 못했다고 전한다.

萬二千峰　만이천봉

萬二千峰歷歷遊　만이천봉역력유
春風獨上衆樓隅　춘풍독상중루우
照臨日月圓如鏡　조림일월원여경
覆載乾坤小似舟　복재건곤소사주
東壓大洋三島近　동압대양삼도근
北撑高沃六鰲浮　북탱고옥육오부
不知無極河年闢　부지무극하년벽
太古山形白老頭　태고산형백로두

일만이천봉

금강산 만이천 봉 두루두루 유람하고
봄바람 불어올 제 홀로 중루 올랐네.
거울같이 둥근 일월이 비추니
멀리 보이는 천지는 배처럼 작아 보이네.
동쪽을 보니 넓은 바다 삼도가 가깝고
북쪽을 보니 높은 고원 육봉이 떠 있구나.
천지의 시작은 몇 해나 되었는가
태고부터 산 모양 희고 늙은 저 봉우리.

《감상》
금강산 구경을 모두 마치고 정자에 올라 멀리 거울처럼 둥근 달이 비치는 금강산의 정경
을 보고 읊은 시이다.

松松栢栢 송송백백

松松栢栢岩岩廻 송송백백암암회
水水山山處處奇 수수산산처처기

소나무와 잣나무

소나무 잣나무 바위 틈을 돌아서
물이요 산이요 곳곳마다 신기하네.

《감상》
금강산의 바위들과 묘한 바위, 그 사이로 보이는 산봉우리와 냇물의 기이함을 같은 한자
를 중복하여 그려낸 묘한 표현이다.

山水詩 산수시

山如劍氣衝天立 산여검기충천립
水學兵聲動地流 수학병성동지류(김삿갓)
山慾渡江江口立 산욕도강강구립
水將穿石石頭廻 수장천석석두회(최씨)
山不渡江江口立 산부도강강구립
水難穿石石頭廻 수난천석석두회(김삿갓)

자연을 읊은 시

산은 서슬 푸른 칼처럼 하늘을 뚫고 섰고
물은 군사들의 소리를 배워 땅을 흔들며 흐르더라. (김립)
산은 물을 건너고자 강 어구에 섰고
물은 돌을 뚫고자 돌머리를 맴도는구나 (최씨)
산은 강을 못 건너서 강 어구에 섰고
물은 바위를 뚫지 못해 돌머리로 돌아가더라 (김립)

《 감상 》
금강산 구경 길에 최씨 노인을 만나서 서로 시를 주고받으며 금강산의 경치를 읊은 글이
다. 山(산), 水(수) 두 글자를 시작하는 글자로 주고받았다.

入金剛　입금강

書爲白髮劒斜陽　서위백발검사양
天地無窮一恨長　천지무궁일한장
痛飮長安紅十斗　통음장안홍십두
秋風簑笠入金剛　추풍사립입금강

금강산에 들어가다

글 공부하다 백발 되고 검술 배우다 늙어 버렸으니
천지는 끝도 없는데 한 가지 한은 길기만 하네.
장안에서 홍주(紅酒) 열 말을 통음(痛飮)하고 나서
가을 바람이 불어 도롱이, 삿갓 쓰고 금강산으로 든다네.

《감상》
가을이 되자 금강산에 들어왔다. 높은 산을 바라보며 지나온 자신의 삶을 생각하니, 세월
도 인생도 모두 바람처럼 흘러가 버린 것이 한스러울 뿐이다.

金剛山　금강산

長夏居然近素秋　장하거연근소추
脫巾抛襪步沙樓　탈건포말보사루
波聲通野巡薔滴　파성통야순장적
靄色和煙繞屋浮　애색화연요옥부
酒到空壺生肺喝　주도공호생폐갈
詩猶餘債上眉愁　시유여채상미수
與君分手芭蕉雨　여군분수파초우
應相歸家一夢幽　응상귀가일몽유

금강산

긴긴 여름 지나가고 가을이 다가왔네
망건 벗고 버선 벗고 맨발로 절간 누각을 거닌다
들판 달린 냇물 소리 담장 끼고 들려오고,
짙은 안개 집 둘레에 자욱하게 둘렀네.
술병이 비었으니 갈증 나서 컬컬하고
밀린 시를 짓느라 눈에는 시름일세.
그대와 헤어짐에 파초에 비는 내리고
그대가 돌아간 뒤면 꿈길도 호젓하리.

《감상》
금강산 경치가 너무 좋아서 아무리 술을 마셔도 취하지 않는다. 가을이 다가오는 좋은 계절에 절간 누각에서 거추장스러운 망건 버섯 훌훌 벗어던지고, 멀리서 들려오는 물 소리를 들으니 가슴이 후련하다.

矗矗金剛山 촉촉금강산

矗矗金剛山 촉촉금강산
高峰彎二千 고봉만이천
邃來平地望 수래평지망
三夜宿靑天 삼야숙청천

우뚝우뚝 금강산

우뚝우뚝 겹겹이 높이 솟은 금강산
높다란 봉우리만 만 이천이 되네.
봉 위에서 평지 보며 내려왔으나
사흘 밤을 푸른 하늘에서 자야만겠더라.

《감상》
  금강산에는 높은 봉우리만도 만 이천은 되는데, 그 봉우리가 하도 높아서 위에서 평지를
바라보며 내려오는 것만 꼬박 삼일이 걸린다고 한다.

泰山在後　태산재후

泰山在後天無北　태산재후천무북
大海當前地盡東　대해당전지진동
橋下東西南北路　교하동서남북로
杖頭一萬二千峰　장두일만이천봉

큰 산이 뒤에 있어

큰 산이 뒤에 있어 북쪽 하늘 안 보이고
동쪽은 큰 바다 앞 육지가 멈춰서네.
다리 아래 동서남북 사방 길로 통해 있고
지팡이 머리에는 봉우리가 일만 이천.

《감상》
지팡이 끌고 금강산 일만 이천 봉을 구경하러 다니는 김삿갓의 여유를 볼 수 있다.

看山 간산

倦馬看山好	권마간산호
執鞭故不加	집편고불가
岩間纔一路	암간재일로
煙處或三家	연처혹삼가
花色春來矣	화색춘래의
溪聲雨過耶	계성우과야
渾忘吾歸去	혼망오귀거
奴曰夕陽斜	농알석양사

산 구경

게으른 말을 타야 산(山) 보기가 좋으니
채찍을 잡고도 때리지 않았다.
바위 사이 겨우 오솔길 하나
연기가 나는 곳에 초가 두세 채.
꽃 모양 예쁘니 봄이 왔는가?
계곡의 물소리는 비가 지나갔느냐?
멍하니 돌아갈 것 까맣게 잊고 있는데
석양이 기운다고 종놈이 말하더라.

《감상》
아름다운 봄 동산의 경치를 담은 시이다. 빨리 달리는 말을 타는 것보다 게을러서 천천히
걷는 말을 타야 좌우 경치 구경하기에 좋다는 표현이 재미있다.

제2장
애정시

狂蝶忽飛(광접홀비) 외 26수

狂蝶忽飛 광접홀비

昨夜狂蝶花裡宿 작야광접화리숙
今朝忽飛向誰怨 금조홀비향수원

미친 나비 날아가다

어젯밤 미친 나비 꽃 속에 묻혀 자고
오늘 아침 훌쩍 뜨면 누구를 원망하리.

《감상》
오래도록 묵고 있던 서당 훈장의 과년한 딸과 눈이 맞아 하룻밤 정을 통하고 더 이상 그
곳에 머물기가 민망스러워 훌쩍 길을 떠나면서 그녀에게 용서를 빌며 남긴 시이다.

街上初見 가상초견 1

街上相逢時目明 가상상봉시목명
有情無語似無情 유정무어사무정
踰墻鑿穴非難事 유장착혈비난사
已許農夫更不更 이허농부갱불갱

길에서 처음 만나 1

길에서 처음 만난 그대의 빛나는 눈
정 있으나 말이 없어 무정한 듯 보이네.
그대 찾아 담 넘고 벽 뚫는 것은 어렵지 않으나
농부의 아내가 된 몸 내 어찌 돌이킬 것인가.

《감상》
방랑 길에는 이런 일 저런 일, 일도 많다. 어느 시골 길을 가다가 우연히 아름다운 여인을
만났다. 빛나는 여인의 눈동자에서 사랑을 감지했으나, 통 말이 없으니 속마음을 알 수가
있어야지.

街上初見 가상초견 2

金笠
幽風七月誦分明　유풍칠월송분명
客駐征驂忽有情　객주정참홀유정
虛閣夜深人不識　허각야심인불식
半輪殘月已三更　반륜잔월이삼경
女人
難掩長程十目明　난엄장정십목명
有情無語似無情　유정무어사무정
踰墻鑿穴非難事　유장착혈비난사
已與農夫誓不更　이여농부서불갱

길에서 처음 만나 2

(김삿갓)
그윽한 바람은 7월의 노래 부르는 게 분명하다
나그네 길 멈추고 정겹게 들도다.
빈 집에 밤은 깊어 사람도 모르고
반달도 삼경인데 찾아간들 어떠리.
(여인)
먼길 가는데 뭇사람 눈 피하기 어려워
정 있으되 말 없으니 무정한 줄로 아시오.
담 넘고 벽 뚫는 것 어려운 일 아니지만
이미 농부와 맺은 맹세 고칠 수는 없으리다.

《감상》
'가상 초견'이라는 제목의 시 두 편이 전해지고 있다. 수작을 걸어 본 김삿갓에게 이미 농부의 아내가 된 몸이니 이부 종사할 수 없다고 하며 딱 잘라 거절한다. 여인의 시 짓는 솜씨가 김삿갓의 수작보다 월등 뛰어나다.

良宵 양소

離家正初今三月　이가정초금삼월 [김삿갓]
對客初更復三更　대객초경부삼경 [여인]
良宵可興比難於　양소가흥비난어 [김삿갓]
紫五産頭月正明　자오산두월정명 [여인]

좋은 밤

정초에 집을 떠났는데 어언 춘삼월이네.[김삿갓]
초저녁에 님을 만나 벌써 삼경 되었소.[여인]
이 밤의 흥겨움 무엇에 비기리오.[김삿갓]
'자오산' 상상봉에 달이 한창 밝으옵니다.[여인]

《감상》
여기서 '여인'이란 '연월'을 뜻한다. 이 '연월'과 김삿갓이 서로 정을 통하며 주고받는 말
인데, "자오산의 달이 한창 밝습니다."라는 말로써 응답하는 '연월'의 재치는 뛰어나다.
한참 클라이막스이니, 계속 더 하라는 뜻? 이 구절 앞에 시가 하나 더 있다.

弄處女 농처녀

毛深內闊 모심내활
必過他人 필과타인 [김삿갓]

溪邊楊柳不雨長 계변양류불우장
後園黃栗不蜂坼 후원황률불봉탁 [처녀]

처녀를 희롱하다

털이 깊고 속이 넓은 것을 보니
반드시 딴 사람이 먼저 지나갔구나. [김삿갓]

개울 가 버들은 비가 오지 않아도 길게 자라고
뒷마당 알밤은 벌이 쏘지 않아도 딱 벌어져요. [처녀]

《감상》
정을 통한 처녀의 익숙한 솜씨에 장난기가 발동해서 던져 본 농담에 처녀가 때가 되면 경
험 없어도 다 알게 되고 능숙해진다고 되쏘는 솜씨가 탁월하다.

名之可憐 명지가련

名之可憐色可憐 명지가련색가련
可憐之心亦可憐 가련지심역가련

이름이 가련이라오

이름도 가련이요, 얼굴도 가련한데
가련한 마음조차 또한 가련하구나.

《감상》
기생 가련을 만난 김삿갓은 가련의 얼굴에서 풍기는 이미지를 무척이나 가련하게 느껴,
이름과 외모와 마음이 거의 일치하는 모습을 '가련'이라는 시를 지었다.

可憐夜鳥　가련야조

可憐夜鳥泣啾啾　가련야조읍추추
咽淚寒沙轉蕭哀　인루한사전소애
綿綿餞別郞詩笠　면면전별낭시립
疑是月仙地徘徊　의시월선지배회

가련하게 우는 밤새

가련한 밤새가 박은 소리로 울어 예니
흐느껴 떨어지는 눈물이 모래밭에 애닯구나
떠나간 님, 김삿갓이 벌써 그리운데
하늘의 신선인 그대는 지상에서 떠도는구나

《감상》
김삿갓의 꿈에 연인인 '가련'이가 나타나 읊었다는 시라고 한다.

夫餘妓生　부여기생

白馬江頭黃犢鳴　백마강두황독명
老人山下少年行　노인산하소년행
離家正初今三月　이가정초금삼월
對客初更復三更　대객초경부삼경
澤裡芙蓉深不見　택리부용심불견
園中桃花笑無聲　원중도화소무성
良宵可興比誰於　양소가흥비수어
紫午山頭月政明　자오산두월정명

부여 기생과 함께

백마강 강가에 누런 송아지 울고 있네(김삿갓)
노인산 아래에는 소년이 지나가오(기생)
정초에 집을 떠나 어느 새 3월이네(김삿갓)
초저녁에 손님 만나 벌써 3경이라오.(기생)
연못 속의 연꽃은 물이 깊어 볼 수가 없네(김삿갓)
뜰 안에 핀 복사꽃은 웃어도 소리가 없사와요.(기생)
이같이 좋은 밤의 흥겨움 무엇에 비기리오.(김삿갓)
'자오산' 산마루에 달이 한이 한창 밝사와요.(기생)

《주》
부여에서 김삿갓은 글 잘 하는 어여쁜 기생을 만났다. 백마강이 굽어보이는 기생 집에서
서로 시를 주고받으며 밤이 깊어 가는 줄도 모르고 흥에 취했다. 김삿갓이 나그네의 외로
운 심정을 은근히 호소하자 '자오산' 산마루에 비치는 달처럼 부드러운 기생의 정이 있다
는 것을 말하며, 이심전심으로 김삿갓의 청을 들어 준다.

平壤妓生 평양기생

平壤妓生何所能 평양기생하소능
能歌能舞又能詩 능가능무우능시
能能其中別無能 능능기중별무능
月夜三更呼夫能 월야삼경호부능

달밤의 남자

(김삿갓)
잘났다는 평양 기생 잘 하는 게 무엇인고?
(기생)
노래도 능하고 춤도 능하고 시 또한 능하옵니다.
(김삿갓)
능하다 능하다 해도 별로 능한 것도 없네.
(기생)
달밤에 지아비 부르는 소리에 가장 능하옵니다.

《감상》
평양 감사가 잔치를 벌이면서 '能(능)'자 운을 부르자, 김삿갓이 먼저 한 구절을 읊고 평
양 기생이 화답한 시이다. 여기서 '呼夫(호부)'란 깊은 밤에 남녀가 교접하면서 여인네가
흥분하여 "여보, 여보!"라고 소리 내는 것을 뜻한다.

玉門 옥문

遠看似馬眼　원간사마안
近視如膿瘡　근시여농창
兩頰無一齒　양협무일치
能食一船薑　능식일선강

여인네 생식기

멀리서 보면 말 눈깔 같고
가까이 보면 곪은 상처 같은데
두 볼에 이빨 하나 없어도
배 한 척에 실린 생강을 몽땅 먹어치웠구나.

《감상》
어느 생강 장수가 전라도에 생강을 가득 실은 배를 타고 와서 장사로 다 판 돈을 어느 술
집 작부와 놀아나느라 모두 탕진해 버렸다는 이야기를 김삿갓이 전해 듣고 지은 일종의
'희롱시(戲弄詩)'이다.

情事 정사

爲爲不厭更爲爲　위위불염갱위위
不爲不爲更爲爲　불위불위갱위위

운우의 정

해도 해도 싫어지지 않아 다시 또 하고
안 하겠다 하면서도 다시 또 한다.

《감상》
남녀가 즐기는 운우의 정은 아무리 해도 끝도 없고 싫증이 나지 않음을 단 네 글자를 가지고 절묘하게 표현했다. 자지(自知)면 만지(晚知)고, 보지(補知)면 조지(早知)라. 곧 '제 스스로 알고자 하면 늦고, 도움을 받아 알게 되는 것은 이르다[早]'는 뜻인데, 음(音)만 놓고 보면 '욕설'이나 마찬가지다.

無題 무제

平生不入無花洞 평생불입무화동
十死難過有酒村 십사난과유주촌

회고

한평생 간 적 없네 꽃 없는 동네
열 번 죽어도 술 익는 마을 지나치기 어렵더라.

《감상》
첫 구절의 꽃은 여인을 뜻하는 것이다. 김삿갓이 가는 곳엔 여인들도 많았던 듯하다. 비
록 떠돌이 신세일망정 멋을 아는 풍류 시인이요, 또한 한 가정에 매여서 사는 처지가 아
니었기 때문일 것이다. 김병연 시인과 기녀 또는 다른 여자들과의 사이에 얽힌 이야기들
이 많이 전해지고 있고, 그의 많은 시들이 여인을 주제로 하고 있다. 가련, 명순, 홍련, 부
여 기생 금화, 평양 기생 매화 등.

船上離別 선상이별

春風桃花滿山香 춘풍도화만산향
秋月送客別淚情 추월송객별루정
我今舟上一問之 아금주상일문지
別恨與君誰短長 별한여군수단장

배 위에서의 이별

봄바람 불어 오니 복사꽃 향기는 온 산 가득
가을 달 뜰 때 정 든 님 보내는 눈물뿐이네.
배 위에서 지금 나 그대에게 묻노니
이별의 아픔이 그대와 나, 누가 더한가?

《감상》
이별은 언제나 서럽다.
배를 타고 떠나는 김삿갓이나 그를 보내는 여인이나 모두 헤어짐에 대한 아픔이 있으리
라. 안타까운 이별의 슬픔을 표현한 시이다.

椹顆濃情　심과농정

椹顆濃情天上酒　심과농정천상주
麥波熟意是何風　맥파숙의시하풍

오디

오디 열매 진한 정 하늘의 술일세
보리 이랑 익히는 뜨거운 정은 과연 무슨 바람이런고?

《감상》
김삿갓이 어느 농촌 길을 가다가 농부 아내더러 수작을 붙이며 읊은 시

情談 정담

花無一語多情蜜　화무일어다정밀
月不踰墻門深房　월불유장문심방
雖若家夫愁身獨　수약가부수신독
莫如童子學貴郎　막여동자학귀랑

정겨운 이야기

꽃은 한 마디 말이 없어도
정이 많고 달콤한 꿀이 있어요.
달은 담장을 뚫지 못해도
달은 깊은 방을 찾아온답니다.
비록 남편은 있으나 외로운 몸임을 슬퍼하노니
어린아이 되어서 귀한 선비님께
공부하는 것만 못 하답니다.

《감상》
이 시 앞에 김삿갓이 먼저 수작을 부린 구절이 있다.
'樓上相逢視見明, 有情無語似無情[누상상봉시견명, 우정무어사무정) 다락 위에서 보니 눈
이 아름다운데, 정은 있으나 말이 없으니 정은 없는 것과 마찬가지]라는 구절에 아낙네가
답을 한 것이다.

風月 풍월

(김삿갓)
風失苦行路 풍실고행로
月得新照處 월득신조처
(여인)
風動樹地動 풍동수지동
月昇水波昇 월승수파승

吟風弄月 음풍농월

(김삿갓)
바람은 이전에 다니던 길을 잃었고
달은 새로 비칠 곳을 얻었도다.
(여인)
바람이 불면 나뭇가지 움직이고
달이 뜨면 파도도 높아지네.

《감상》
김삿갓이 오랜만에 옛정이 두터운 여인을 찾아갔다. 이제는 떠나지 않겠다고 말하는 김삿갓, 하지만 여인은 그의 말을 믿을 수 없다.
"바람이 움직이면 나뭇가지도 함께 따라 움직이듯, 달이 높이 뜨면 파도 높아지듯, 내 정은 더욱 깊어만 가는데 이 무정한 사람아, 그럴 수가 있나요."

秋風訪美人不見　추풍방미인불견

一從別後豈敢忘　일종별후기감망
汝骨爲粉我首霜　여골위분아수상
鸞鏡影寒春寂寂　난경영한춘적적
風簫音斷月茫茫　풍소음단월망망
早吟衞北歸薺曲　조음위북귀제곡
虛負周男采藻章　허부주남채조장
舊路無痕難再訪　구로무흔난재방
停車坐愛野花芳　정거좌애야화방

그대를 못 만나고

한 번 헤어졌다고 어찌 그대 잊으리
당신 뼈 가루되고 내 머리 서리 앉아
거울은 임자 잃고 봄이 와도 적적해
불던 통소 소리 그쳐 달빛만 아득하다.
일찍이 위나라 귀제곡을 즐겨 불렀는데
이제는 헛되어 주남(周南)의 채조장(采藻章)을 부른다.
옛 길 흔적 없어 다시 오기 어려우니
수레 멈추고 앉아서 들꽃이나 보리라.

《감상》
옛 연인과 인생의 덧없음을 노래한 시이다. 여기서 '난경(鸞鏡)'이란 거울 뒷면에 난새가
그려진 것을 뜻하고, '귀제곡(歸薺曲)'은 '시경(詩經)' 가운데 사랑의 기쁨을 노래한 것이
다.

- 78 -

可憐門前 가련문전

可憐門前別可憐 가련문전별가련
可憐行客尤可憐 가련행객우가련
可憐莫惜可憐去 가련막석가련거
可憐不忘歸可憐 가련불망귀가련

이별사

가련의 문 앞에서 가련과 이별하려니
가련한 나그네 행색이 더욱 가련하구나.
가련아 가련한 몸 떠나감을 슬퍼말아라
가련을 잊지 않고 가련에게 다시 오리니.

《감상》
김삿갓이 함경도에서 훈장 노릇을 할 때 만난 여인이 가련인데, 이제 그 가련과 헤어짐을
슬퍼하며, 가련의 슬픔과 자신의 가련한 신세를 노래한 시이다. 이 시는 이 부분 외에 앞
뒤로 더 있으나, 여기서는 이 넉 줄만 수록하였다.

嚥乳 연유

父嚥其上　婦嚥基下　부연기상　부연기하
上下不同　其味卽同　상하부동　기미즉동
父嚥其二　婦嚥其一　부연기이　부연기일
一二不同　其味卽同　일이부동　기미즉동
父嚥其甘　婦嚥其酸　부연기감　부연기산
甘酸不同　其味卽同　감산부동　기미즉동

젖 빠는 노래

시아비는 그 위를 빨고 며느리는 그 아래를 빠네
위아래가 같지는 않지만 그 맛은 한가지일세.
시아비는 그 둘을 빨고 며느리는 그 하나를 빠네
하나와 둘이 같지 않지만, 그 맛은 한가지일세
시아비는 그 단 곳을 빨고 며느리는 그 신 곳을 빠네
달고 신 것이 같지는 않으나 그 맛은 한가지라네.

《감상》
김삿갓이 어느 선비 집에 갔는데, 그 집 주인이,
"우리 집 며느리가 유종(乳腫)으로 젖몸살을 앓기 때문에 젖 좀 빨아 주서야겠소."
했다. 김삿갓이,
"망할 놈의 양반이 예(禮)도 없구나!"
하고 혀를 차며 이 시를 지었다고 한다.

難避花　난피화

靑春抱妓千金芥　청춘포기천금개
白日當樽萬事雲　백일당준만사운
鴻飛遠天易隨水　홍비원천이수수
蝶過靑山難避花　접과청산난피화

꽃을 보고 그냥 가랴

청춘에 기생을 품으니 천금을 초개같이 여기고
낮에도 술잔 드니 세상 만사 뜬구름이라.
기러기 먼 하늘 날 때 물 따라가듯 자연스럽고
나비가 청산 가다 꽃을 보고서 피해 가지 못하리

《감상》
청춘 때에는 젊고 아름다운 여인을 보고는 그냥 지나가지 못한다는 심경을 읊었다.
'白日當樽萬事雲(백일당준만사경)'이 다른 곳에서는 '白日(백일)이 今夜[오늘 밤]'로 되어
있는 것도 있다.

暗夜訪紅蓮 암야방홍련

探香狂蝶半夜行 탐향광접반야행
百花深處摠無情 백화심처총무정
欲探紅蓮南浦去 욕채홍련남포거
洞庭秋波小舟驚 동정추파소주경

어두운 밤에 홍련을 찾아가다

향기 찾는 미친 나비가 한밤중 나다니지만
온갖 꽃은 밤이 깊어 모두 다 무정하구나
홍련을 캐고자 남포로 내려가니
동정호 가을 물결에 작은 배가 놀라네.

《감상》
김삿갓이 홍련을 찾으려고 작부들이 자는 방을 밤중에 찾았는데, 얼떨결에 '추파(秋波)'라
는 작부를 밟고 서로가 깜짝 놀라 지은 시라고 한다.
여기서 '동정(洞庭)'은 중국에 있는 유명한 호수 이름이다.

准陽過次　준양과차

山中妻子大如孃　산중처자대여양
緩著粉紅短布裳　완저봉홍단포상
赤脚踉踉羞過客　적각량량수과객
松籬深院弄花香　송리심원농화향

준양(准陽)을 지나며

산중의 젊은 처녀 성숙하고 아름다워
분홍빛 짧은 치마 느슨하게 입었네.
뛰어가는 붉은 다리 나그네가 부끄러워
솔 울타리 깊은 속에서 꽃 향기를 희롱하네.

《 감상 》
김삿갓이 어느 마을을 지나다가 성숙한 소녀의 모습을 보고 지은 시이다.
여기서 '准陽(준양)'은 '淮陽(회양)'의 오기(誤記)일 수도 있다. 또 '낮에 이 곳을 지나다가'
로 풀이할 수도 있는데, 시 내용이 중하지 제목은 그다지 중요치 않다.

李氏之三女吟 이씨지삼녀음

折枝李之三枝　절지리지삼지
知李家之三女　지리가지삼녀
開面鏡面反覆　개면경면반복
望晦間之來期　망해간지래기

이씨 집 셋째딸

오얏나무 셋째 마디 가지를 꺾었으니
이씨 집안 셋째딸 알아볼 수 있겠네.
거울을 열었다 닫았다가 반복해서 비춰 보는 것은
중매쟁이 언제 오나 기다리는 것일세.

《감상》
과년한 이씨 집 셋째딸이 오얏나무 꽃처럼 활짝 피었다. 매일 거울을 닫았다 열었다 들여
다보고 용모에 관심을 갖는 것은 세월이 빨리 지나가서 중매쟁이가 오라고 기다리고 있
는 심정이다. 이씨 집안 딸의 꽃다운 좋은 시절을 읊은 시이다.

贈妓 증기

却把難同調　각파난동조
還爲一席親　환위일석친
酒仙交市隱　주선교시은
女俠是文人　여협시문인
太半衿期合　태반금기합
成三意態新　성삼의태신
相携東郭月　상휴동곽월
醉倒落梅春　취도락매춘

매화에게

잡은 손 뿌리칠 때 어울리기 어렵더니
한 자리에 앉다 보니 친한 사이 되었네.
주선[酒仙:이태백]은 숨은 인재 찾아서 사귀었는데
호기 있는 여장부여, 그대는 문장가라네.
뜻이 맞고 정이 통해 옷깃을 붙잡으니
세 벗[달, 나, 그대] 이루니 그 뜻이 새롭구나
동쪽 성곽을 달빛 따라 거닐며
봄 매화 떨어지는 향기에 취해 그만 쓰러지누나.

《감상》
매화라는 기생은 정말로 뛰어난 용모만큼 놀라운 글재주를 가진 여인이었다. 매화는 김삿
갓의 호방한 성품과 재주에 감동되어 밤이 지나는 줄도 모르고 함께 봄을 즐겼다. 그날
밤 서러운 나그네는 매화 향기에 취해 쓰러졌다.
* 成三(성삼) : 李白(이백)의 시에서 달과 나와 그림자, 셋을 말함.
* 擧杯邀明月, 對影成三人[밝은 달 맞이하고, 그림자 마주 하니 셋은 친구가 되었네.]

贈老妓 증노기

萬木春陽獨抱陰　만목춘양독포음
聊將殘愁意惟心　요장잔수의유심
白雲古寺枯禪夢　백운고사고선몽
明月孤舟病客心　명월고주병객심
嚬亦魂衰多見罵　반역혼쇠다견매
唱還嗚啾少知音　창환조추소지음
文章到此猶如此　문장도차유여차
擊節靑樓慷慨吟　격절청루강개음

나이 든 기생에게

모든 나무에 봄 기운 화창한데 그대 홀로 침울하니,
묵은 시름 쌓여서 수심만 깊어졌나.
흰구름 옛 절에 참선하는 꿈이요
달밤에 외로운 배 저어 가는 병든 나그네 마음이라.
찡그려 보아도 모두 다 싫다고 하네
노래는 거칠어져 알아 주지 않도다.
내 글도 요 모양, 그대 꼴도 그 모양
청루에서 장단 치며 슬피 우는 것 같구나.

《감상》
꽃도 지면 쓸어 버리고 구슬도 빛을 잃으면 버려진다. 젊음을 잃어 버린 노기에게 남은 것이라고는 청루에서 보낸 숱한 추억과 가슴 아픈 상처다. 김삿갓은 이 가엾은 노기의 마음을 알아 함께 울어 준다.

贈某女 증모녀

客枕條蕭夢不仁 객침조소몽불인
滿天霜月照吾隣 만천상월조오린
綠竹靑松千古節 녹죽청송천고절
紅桃白李片時春 홍도백리편시춘
昭君玉骨胡地土 소군옥골호지토
貴妃花容馬嵬塵 귀비화용마외진
人性本非無情物 인성본비무정물
莫惜今宵解汝裙 막석금소해여신

어떤 여인에게

나그네 외로운 잠자리 꿈마저 편치 않은데
하늘 가득 서릿 속 달빛 내 주변을 비치네.
푸르른 대나무와 소나무는 천년 절개 자랑하고
붉은 복사꽃과 흰 오얏꽃은 잠깐의 봄날을 즐기는구나.
왕소군 귀한 몸도 오랑캐 땅 흙이 되고
꽃다운 양귀비도 마외 땅 티끌이라
인성이란 본래 무정한 것 아니니
오늘 밤 그대 옷자락 풀기를 아까워하지 마오.

《감상》
낮에 만난 시골 과부가 눈에 선하다. 그 아름답던 왕소군도 양귀비도 죽으면 한 줌 흙이
된다. 김삿갓이 간절하게 과수댁에게 하룻밤 통정을 호소하며 지은 시이다.

제3장
인생시, 방랑시

八大詩家(팔대시가) 외 85수

八大詩家 팔대 시가

李謫仙翁骨已霜　이적선옹골이상
柳宗元是但垂芳　유종원시단수방
荒山谷裡花千片　황산곡리화천편
白樂天邊雁修行　백락천변안수행
杜子美人今寂寞　두자미인금적막
陶淵明月久荒涼　도연명월구황량
可憐韓退之何處　가련한퇴지하처
惟有孟東野草長　유유맹동야초장

팔대 시가

이백(李白)옹은 이미 백골이 서리가 되었고
유종원(柳宗元)은 다만 원래부터 이름만 아름답더라.
황산곡(黃山谷) 안에는 낙화(洛花)만 천만 편(千萬片)으로 날리고
백락 하늘[白樂天(백락천)]가에는 몇 줄 기러기 떼만 구슬프더라.
두자(杜子)의 미인[杜子美(두자미)]도 지금은 적막하고
도연(陶淵)의 명월(明月)[陶淵明(도연명)]도 오래도록 황량하더라.
가련한 한퇴지(韓退之)는 어느 곳으로 물러났는고
오직 맹동야(孟東野) 들판에는 잡초만이 우거졌도다.

《감상》
아무리 훌륭한 글을 써 남긴 당송(唐宋) 때의 문장 대가라 할지라도 지금은 그 흔적을 찾
을 수 없는 쓸쓸함을 이름을 들어 읊은 시이다.

沃溝金進士 옥구 김진사

沃溝金進士 옥구 김진사
與我二分錢 여 아 이 분 전
一死都無事 일 사 도 무 사
平生恨有身 평 생 한 유 신

옥구에 사는 김 진사

옥구에 사는 김 진사가
내게 엽전 두 푼을 던져 주네.
한 번 죽어 없어지면 이런 수치스러운 꼴도 없으련만
평생에 이 몸뚱이 살아 있음이 한스럽구나.

《감상》
옥구 김 진사의 집을 찾아가서 하룻밤 묵기를 청하니, 남루한 차림의 김삿갓을 거지로 잘
못 알고 그에게도 거지에게 하던 버릇대로 엽전 두 닢을 던져 주었다.
김삿갓은 너무나 분하고 속이 상해 즉석에서 시를 지었다.

還甲宴 환갑연

彼坐老人不似人 피좌노인불사인
疑是天上降眞仙 의시천상강진선
其中七子皆爲盜 기중칠자갱위도
偸得碧桃獻壽筵 투득벽도헌수연

환갑연

저기 앉은 저 노인, 사람 같지 아니하네
의심컨대 천상(天上)의 참 신선(神仙)이 내려오셨나.
그 중에 일곱 아들 모두 다 도둑이 되니
벽도(碧桃 : 서왕모의 푸른 복숭아) 훔쳐 수연(壽筵 : 환갑 잔치)에
바치더라.

《감상》
김삿갓이 어느 환갑 잔칫집에서 흥을 돋우기 위해 지은 시이다.
"저기 앉은 노인은 사람 같지 아니하니."
하니, 아들들이 크게 화를 냈는데,
"하늘에서 진짜 신선이 내려온 것 같구나."
하니, 금방 갈채를 보낸다. 하지만,
"그 슬하에 있는 일곱 자식들은 모두 도둑놈이다."
하니, 이번에는 노인이 화를 냈다.
그러나 김삿갓이 태연히,
"모두 하늘의 천도 복숭아를 훔쳐서 부모 공양 잘했다."
하니, 좌중은 모두 감탄하여 김삿갓의 묘시(妙詩)와 기지(機智)에 좌중이 경탄했다고 한
다.
왕도(王桃) : 이 복숭아를 먹으면 장수한다는 전설이 있음.

鶴城訪美人不見　학성방미인불견

瓊雨蕭蕭入雪樓　경우소소입설루
歸尋舊約影無留　귀심구약영무류
盤龍寶鏡輕塵蝕　반룡보경경진식
睡鶴香爐瑞霧收　수학향로서무수
楚峽行雲難作夢　초협행운난작몽
漢宮執扇易生秋　한궁집선이생추
寥寥寂寂江天暮　요요적적강천모
帶月中宵下小舟　대월중소하소주

미인을 못 만나고

단비 촉촉히 내릴 때 설루(雪樓)에 들어
다시 와 찾는 약속 그림자도 없네.
님이 쓰던 거울에는 먼지가 끼고
함께 피우던 향로에 서기(瑞氣)가 가셨구나.
초협(楚峽)에 뜬 구름은 꿈꾸기 어렵고
한궁(漢宮)의 부채는 이미 가을이로구나.
요요적적 강 하늘 저물어 가니
달 밝은 이 밤, 조각배 타고 떠나려네.

《감상》
김삿갓이, 한나라 궁전처럼 아늑한 학성(鶴城)으로 미인을 찾아갔으나, 역사의 인물들은
없고 촉촉이 비만 내린다. 결국 인생이란 부평초가 아닌가. 섭섭한 마음 달래며 달 밝은
밤 조각배 타고 떠나며 지은 시.

佝僂 구루

人皆平直爾何然　인개평직이하연
項在胸中膝在肩　항재흉중슬재견
回首不能看白日　회수불능간백일
倒身僅可見靑天　도신근가견청천
臥如心字無三點　와여심자무삼점
立似弓形失一鉉　입사궁형실일현
慟哭千秋歸去路　통곡천추귀거로
也應棺槨用團圓　야응관곽용단원

꼽추

사람들 모두 곧게 서는데 너는 어찌 그런가
목은 가슴 가운데 있고 무릎은 어깨에 있도다.
고개를 못 돌려 해를 보지 못 하고
몸을 옆으로 기울여야만 푸른 하늘 겨우 보네.
누우면 '心(마음 심)'자에 점 셋이 없는 것 같고
일어서면 줄 없는 활 모양 같도다.
아, 천추(千秋)에 원통한 일은 죽어서 돌아갈 때도
응당 둥근 관곽(棺槨)을 써야 될 것 아니냐.

《감상》
장애인의 아픈 곳을 족집게처럼 드러내었다.

訓戒訓長 훈계훈장

化外頑氓怪習餘　화외완맹괴습여
文章大家不平噓　문장대가불평허
蠡盃測海難爲水　여배측해난위수
牛耳頌經豈悟書　우이송경기오서
含黍山間奸鼠爾　함서산간간서이
凌雲筆下躍龍余　능운필하약룡여
罪當笞死姑舍已　죄당태사고사이
敢向尊前語詰詎　감향존전어힐거

훈장을 꾸짖다

두메산골 완고한 훈장은 괴이한 습성이 있어서
문장의 대가들을 불평하네
조개 같은 작은 잔으로 어찌 바닷물을 헤아릴 수 있으며
쇠귀에 경 읽기이니 어찌 뜻을 깨달을까.
너는 기장이나 갉아먹는 간교한 산골 쥐라고 하면
나는 붓 아래 청운(靑雲)을 타고 넘는 펄펄 뛰는 용이로다.
마땅히 볼기 쳐서 죽일 죄를 잠깐 용서하는 것이니
감히 어른을 향해 말을 겨루지 말지어다.

《감상》
김삿갓이 강원도의 어느 서당을 찾아갔더니 마침 훈장은 학동들에게 의기양양하게 율(律)의 강의를 하고 있었다. 그런데, 주제넘게도 고대의 문장들을 멸시하는 말을 연발했다. 그리고 하룻밤 자고 가자고 청하는 김삿갓을 보자, 그를 대단히 멸시하며 餘(여), 噓(허), 書(서), 余(여) 詁(힐)의 5韻(운)을 부르며 律(율) 지으라고 했다. 이에 김삿갓은 분연히 훈장을 훈계하는 글을 지었다.

訓長 훈장

世上誰云訓長好　세상수운훈장호
無烟心火自然生　무연심화자연생
曰天曰地靑春去　왈천왈지청춘거
云賦云詩白髮成　운부운시백발성
雖誠難聞稱道語　수성난문칭도어
暫離易得是非聲　잠리이득시비성
掌中寶玉千金子　장중보옥천금자
請囑撻刑是眞情　청촉달형시진정

훈장 노릇

세상에서 어느 누가 훈장이 좋다 하느냐
연기 없는 심화(心火)가 절로 일어난다.
하늘 천 따 지라 하는데 청춘이 가고
부(賦)니 시(詩)니 하다 보니 백발이 되고 말았네.
정성껏 가르쳐도 칭송 받기 어렵고
잠깐만 자리를 떠도 비난 받기 일쑤다.
천금같이 귀한 자식 훈장에게만 맡겨 놓고
종아리 쳐서 가르쳐 달라는 것이 진정인가.

《 감상 》
내 자식이나 남의 자식이나 가르치는 노릇이 정말 어렵다. 더구나 김삿갓처럼 떠돌이 선생은 오죽했을까?

墳塋 분영

北邙山下新墳塋　북망산하신분영
千呼萬喚無反響　천호만환무반향
西山落日心寂寞　석선난일심적막
山上唯聞松柏聲　산상유문송백성

무덤 가에서

북망산 기슭 새로 지은 무덤 하나
천 번 만 번 불러도 대답이 없네.
서산에 해는 지고 마음은 적막한데
산 위에는 오로지 솔바람 소리뿐.

《감상》
유명(幽明)을 달리 한 어머니 무덤에서 쓸쓸하고 안타까운 심정을 읊었다.

鷄　계

養塒物性異沙鷗　양시물성이사구
搏翼之晨回斗牛　박익지신동두우
爾鳴秋夜何山月　이명추야하산월
玉帳悲歌淚楚猴　옥장비가루초후

닭

홰에서 사는 너의 습성이 갈매기와 달라서
홰를 치는 새벽이면 북두성이 기우네.
너는 가을 밤 어느 산의 달을 보고 우느냐
초나라 원숭이가 장막에서 눈물짓네.

《감상》
잠이 오지 않아 뒤척뒤척하는데 어디선가 새벽을 알리는 닭 우는 소리가 들려온다. 처음
에 한 집에서 울던 닭 소리는 차츰 온 동네에서 요란스럽게 들려온다. 닭이 우는 소리를
들으며 지은 시이다. 떠도는 나그네가 듣는 새벽 닭 울음이 오죽할까?

蒙恩 몽은

遠客悠悠任病身 원객유유임병신
君家蒙恩且逢春 군가몽은차봉춘
春來各自東西去 춘래각자동서거
此地看花是別人 차지간화시별인

은혜 입음

먼 나그네 오랫동안 병을 빙자해서
그대 집 은혜 입고 또다시 봄을 맞았네.
봄이 와서 각자 동서로 헤어지면
이 곳의 꽃 구경은 다른 사람이 하겠지요.

《감상》
병을 핑계삼아 한동안 신세 진 집의 주인과 이별하며 그 심정을 읊은 시이다

逐客 축객

人到人家不待人 인도인가부대인
主人人事難爲人 주인인사난위인
設宴逐客非人事 설연축객비인사
主人人事難爲人 주인인사난위인

손님

사람이 사람 집에 왔는데 사람 대접을 안 하니
주인의 인사가 사람답지 못하도다.
잔치를 베풀고 손님 쫓다니 인사 아니네.
주인의 인사가 사람답지 못하도다.

《 감상 》
어느 환갑 잔치 집에서 푸대접 받은 시이다.
'사람 인(人)'자를 모두 10 글자를 써서 섭섭한 심정을 표현하였다.

自嘆 자탄

九萬長天擧頭難 구만장천거두난
三千地闊未足宣 삼천지활미족선
五更登樓非翫月 오경등루비완월
三朝辟穀不求仙 삼조벽곡불구선

스스로 탄식함

구만리 장천 높다 해도 머리 들기 어렵고
삼천리 땅 넓다 해도 발 뻗기 어려워라
새벽에 누각 올라 달 구경 하는 게 아니라
삼 일을 굶은 것도 신선 되려 함이 아니라네.

《감상》
야박한 세상 인심이다. 아무도 재워 주는 사람 없고 밥 한 그릇 주는 사람이 없다. 잠 잘
곳이 없어 빈 누각에 홀로 오르니 이는 달 구경하러 온 것이 아니고, 삼 일을 굶은 것도
신선이 되기 위해 단식하는 것이 아니다. 하늘이 높아도 머리 둘 곳이 없고, 땅이 넓어도
다리를 편히 펼 곳이 없는 가엾은 뜨내기 신세를 한탄한 시이다.

寒食日 한식일

十里平沙岸上莎　십리평사안상사
素衣靑女哭如歌　소의청녀곡여가
可憐今日墳前酒　가련금일분전주
釀得阿郞手種禾　양득아랑수종화

한식일

십 리 백사장 언덕 위 사초는 무성한데
소복한 젊은 여인 곡소리 슬픈 노래로다.
가련하다, 무덤 앞에 오늘 부은 저 술은
죽은 낭군 심은 벼로 빚은 술일세.

《감상》
한식날 누각에 올라 멀리 바닷가를 바라보니 어느 새 무덤 앞에 소복한 젊은 여인이 목
놓아 운다. 아마 죽은 남편의 무덤일 듯! 인생의 무상함을 읊은 시이다.

虛言 허언

靑山影裡鹿抱卵　청산영리녹포란
白雲江邊蟹他尾　백운강변해타미
夕陽歸僧髻三尺　석양귀승계삼척
樓上織女閬一斗　누상직녀랑일두

거짓말

청산 그늘 속에서 사슴이 알을 품고
흰 구름 지나가는 강가에서 게가 꼬리를 치네.
석양에 돌아가는 중의 상투가 석 자나 되고
베틀 위의 베 짜는 계집은 불알이 한 말이로다.

《감상》
사슴이 알을 낳을 리가 없고 게에게 꼬리가 있을 수 없다. 중에게 상투도 없고, 여인에게 남자의 성기가 있을 수 없다. 이는 당시 사회에 만연한 모순을 풍자적으로 해석한 시이다. 이 시는 1 · 2 · 4 구의 끝 운자(韻字)는 달지 않은 것이다.

老嫗 노구

燕脂粉等買耶否　연지분등매야부
冬柏香油亦在斯　동백향유역재사
老嫗當窓梳白髮　노구당창소백발
更無一言出門遲　갱무일언출문지

할머니

연지 분 등 화장품 사지 않겠소?
향기 좋은 동백기름도 여기 있어요.
노파는 창가에 앉아 백발을 빗을 뿐,
다신 말도 없고 문 밖 출입 기색 없네.

《감상》
앞의 구절은 화장품 행상이 화장품을 사라고 권하는 내용이고, 뒤의 구절은 냉담한 노파
의 태도를 나타낸 글이다.
백발의 노파에게 화장품은 관심 밖의 것이다. 예쁘고 아름답게 꾸미고자 하는 것도 호호
백발 늙은이가 되면 이도저도 모두 관심이 없어진다. 마음마저 늙어 버린 한 늙은 여인의
심정을 그린 듯이 잘 묘사한 시다.

見乞人屍 견걸인시

不知汝性不識名 부지여성불식명
何處靑山子故鄕 하처청산자고향
蠅侵腐腐暄朝日 승침부부훤조일
烏喚孤魂弔夕陽 오환고혼조석양
一尺短筇身後物 일척단공신후물
數升殘米乞詩糧 수승잔미걸시량
寄語前村諸子輩 기어전촌제자배
携來一簣掩風霜 휴래일책엄풍상

거지의 시체를 보고

성도 모르고 이름도 모르는 너
어느 청산(靑山)이 네 고향이더냐?
아침에는 썩은 몸 파리 득실거리고
석양에 까마귀가 외로운 혼 울어 주네.
짤막한 지팡이가 유일한 유물이고
몇 되 남은 곡식은 구걸한 식량일세.
앞마을 사는 여러분께 부탁하노니
한 삼태기 흙을 날라 풍상이나 막아 주소.

《 감상 》
어느 고을을 지나다가 길가에 변사한 거지의 시신을 발견했다. 결국 한 줌의 흙으로 돌아
가는 인생. 인생이란 결국 바람이요 구름인 것! 김삿갓은 왠지 그 거지의 죽음이 남의 일
같지 않아 장사를 지내 주었다.

老人自嘲 노인자조

八十年加又四年　팔십년가우사년
非人非鬼亦非仙　비인비귀역비선
脚無筋力行商蹶　각무근력행상궐
眼乏精神坐輒眠　안핍정신좌첩면
思慮言語皆忘佞　사려언어개망녕
猶將一縷氣之線　유장일루기지선
悲哀歡樂總茫然　비애환락총망연
時閱黃庭門景篇　시열황정문경편

노인을 비웃음

80세 하고도 4년을 더 지냈으니
사람도 아니요 귀신도 아니며 신선도 또한 아니로다.
다리에는 힘이 없어 걸핏하면 넘어지고
눈 어둡고 정신 없어 앉으면 졸더라.
생각하고 말함이 모두 망령이 나
아직 한 가닥 가냘픈 기운이 남아서
희로애락 모든 감정 흐릿하지만
때때로 황정(黃庭)의 문경편(門景篇) 잘도 외우네.

《감상》
사람이 늙으면 모두 이렇게 되는 것일까. 80세가 넘으니 눈은 어둡고 기력은 없고 정신도
몽롱해서 산송장이 된다. 팔다리에 힘이 없어 걸핏하면 넘어지고 아무 일도 할 수 없다.
다만 젊었을 때 공부한 대목만 기억할 뿐이다. 노인과 하룻밤을 한께 잔 김삿갓이 노인을
묘사한 시이다.

多睡婦　다수부

西隣愚婦睡方濃　서린우부수방농
不識蠶工況也農　불식잠공황야농
機閑尺布三朝織　기한척포삼조직
杵倦升粮半日舂　저권승량반일춘
弟衣秋盡獨稱搗　제의추진독칭도
姑襪冬過每語縫　고말동과매어봉
蓬髮垢面形如鬼　봉발구면형여귀
偕老家中却恨逢　해로가중각한봉

잠 많은 아낙네

이웃집 어리석은 아낙네는 잠이 많아
누에 치는 일도 모르니 하물며 농사를 알겠나.
베틀에 앉으면 한 자 짜는데 사흘 걸려
절구질은 한 되 찧는데 반나절이나 걸리네.
시동생 옷 짓는다 말만 하고 가을이 다 가고
시어미 버선 깁는다 하고 겨울 가도 말 뿐이네.
흐트러진 머리에 때 낀 얼굴은 귀신 형용
함께 사는 가족들 만난 것을 한탄하네.

《감상》
이웃집에 어리석고 게으른 여자가 살고 있다. 남편은 이 여자를 배필로 만난 것을 무척
한스럽게 생각한다. 김삿갓은 게으른 이 아낙네를 묘사하여 여러 인간의 모습을 전해 준
다.

移徙難　이사난

問君尙識移去法　문군당식이거법
非但三黨有五黨　비단삼당유오당
一似錢財交世交　일사전재교세교
二將文筆得人情　이장문필득인정
不然惑有班根脈　불연혹유반근맥
出下能知製藥方　출하능지제약방
無四且兼盲地術　무사차겸맹지술
恃何敢入士夫鄕　시하감입사부향

이사의 어려움

그대는 아는가 이사 가는 법을
세 가지 동네 아니고 다섯 동네나 된다네.
첫째론 돈으로 대대로 얼굴 사고
둘째론 글 쓰는 재주로 인정을 얻어야지.
아니면 근본이 양반 줄기던가
하다못해 약 짓는 처방이나 알아야지.
네 가지 모두 없고 풍수에도 어둡다면
무얼 믿고 감히 사대부 마을 들어가리.

《감상》
김삿갓이 살았던 조선 시대. 그 시절에도 주택난이 있었는가, 그보다 마을 별로 모여 사
는 사회 계층이 나뉘어 있었다. 사대부 모여 사는 지금의 종로구, 제동, 안국동, 명륜동
등이 사대 마을 중에서도 최고의 양반들 주택가였다. 당시 모습을 잘 그려낸 시이다.

喜雨 희우

훈장
今日雨來見 금일우래견
誰家者不喜 수가자불희

김삿갓
今日偶來見 금일우래견
誰家者不爲 수가자불위

기쁜 비

(훈장)
오늘 비가 오는 것을 보게 되니
어느 누군들 기뻐하지 않겠느냐

(김삿갓)
오늘 우연히 와서 보니
뉘 집 놈인지 아주 돼먹지 않았더라

《감상》
시골 서당에 들렀다가 훈장이 하는 짓이 아니꼬와 핀잔을 준 시이다.

難字詩 난자시

難之難之蜀道難　난지난지촉도난
世上難之大同難　세상난지대동난
我年七歲失父難　아년칠세실부난
吾母青春寡婦難　오모청춘과부난

어려운 난자 시

어렵고 어렵더라 촉나라 가는 길 어렵더라,
세상의 어려움 가운데 대동 단결 더 어렵더라.
내 나이 일곱 살에 선친 별세, 어려움을 당했고
내 어머니 청춘에 과부 어려움 당하셨네.

《감상》
운을 불러 주는 사람이 무려 네 번씩이나 '難(난)' 운을 불러 주었으니 본래 시격에는 없는
것이다. 이 시는 농시(弄詩)이다. 즉 '희롱하는 시'이다.

邇言 이언

邇言白地由中出 이언백지유중출
我事靑天在上知 아사청천재상지

그대의 말

너의 말은 공연히 나온 말이나
내 일은 푸른 하늘 위에서 알고 있노라.

《감상》
말은 마음에서 나온다. 마음이 없는 말은 빈말[自地由中(자지유중)]이요. 진심이 담긴 말
은 하늘이 알아 준다. [靑天在上知(청천재상지)]

僧風惡 승풍악

楊上彼金佛 탑상피금불
何事坎中連 하사감중련
此寺僧風惡 차사승풍악
擇日欺西歸 택일기서귀

고약한 중

단 위에 높이 앉아 있는 금부처님
무슨 일로 무덤처럼 우울하신가
이 절의 중들 모두 행세가 고약해서
날 받아 서쪽으로 다시 가시렵니까.

《감상》
어느 절에 가서 하룻밤 쉬어 가기를 청했다. 그러나 그 절의 스님은 심통 사납게도 냉대
를 한다. 김삿갓은 스님의 심통이 사나워서 부처님도 마음이 불편해 곧 서쪽으로 가 버릴
것이라고 욕을 한 시이다. 그러나 이 시는 운(韻)을 못 맞춘 시이다.

詩僧共作 시승공작 1

朝登立石雲生足 조등입석운생족 [僧]
暮飮黃泉月掛脣 모음황천월괘순 [笠]
潤松南臥知北風 윤송남와지북풍 [僧]
軒竹東傾覺日西 헌죽동경각일서 [笠]

스님과 함께 지은 시

아침에 '입석대'에 오르니 구름은 발 아래에서 일고[중]
저녁에 '황천' 물 먹다가 달이 입술에 걸렸네. [김삿갓]
소나무가 남쪽으로 누우니 북풍임을 알겠고, [중]
대나무 동으로 기울어 석양임을 알 수 있네.[김삿갓]

《감상》
김삿갓이 금강산에서 시를 잘 하는 스님을 만나 시 짓기 내기를 하게 되었다. 금강산에 대해 스님이 먼저 묻고 김삿갓이 대구를 읊는 식으로 모두 16구를 읊었다. 절묘한 스님의 기지도 놀랍지만, 구마다 묘한 대구를 하는 김삿갓의 재주는 사람의 것 같지 않다.

중간에 빠진 구는 다음과 같다.
影浸綠水衣無濕[영침녹수의무습 : 사람의 그림자는 물에 잠겨도 옷 하나 젖지 않고]
夢踏靑山脚不苦[몽답청산각불고 : 꿈속에 청산을 오르내려도 다리는 전혀 아프지 않네]
石轉千年方倒地[석전천년방도지 : 산 위의 돌은 천년을 굴러야 땅에 닿을 듯]
峰高一尺敢摩天[봉고일척감마천 : 봉우리가 한 자만 높아도 하늘을 만져 보겠네]
秋雲萬里魚鱗白[추운만리어린백 : 가을 구름이 만리에 걸쳤으니 흰 고기 비늘 쌓인 것 같고]
枯木千年鹿角高[고목천년녹각고 : 천년 묵은 고목의 가지는 사슴 뿔이 솟은 듯]
靑山買得雲空得[청산매득운공득 : 청산을 돈 주고 샀더니 구름은 공짜요]
白水臨來魚自來[백수임래어자래 : 맑은 물가에 이르니 고기는 절로 모여드네]

- 113 -

詩僧共作 시승공작 2

絶壁雖危花笑立 절벽수위화소립 [僧]
陽春最好鳥啼歸 양춘최호조제귀 [笠]
天上白雲明日雨 천상백운명일우 [僧]
岩間落葉去年秋 암간낙엽거년추 [笠]

스님과 함께 지은 시 2

절벽은 위태하나 꽃은 웃고 서 있네.[중]
봄은 이리 좋은데도 새는 울며 돌아가네.[김삿갓]
하늘 위의 흰 구름은 내일의 비가 되고[중]
바위 틈의 낙엽은 지난 해 가을 것이라네.[김삿갓]

《감상》
중간에 빠진 구절이다.
水作銀杵春絶壁[수작은저춘절벽 : 폭포수는 은으로 만든 절구가 되어 절벽을 내리찧고]
雲爲玉尺度靑山[운위옥척도청산 : 구름은 옥으로 만든 자가 되어 청산을 재면서 간다]

詩僧共作 시승공작 3

兩姓作配己酉日最吉　양성작배기유일최길
半夜生孩玄子時難分　반야생해현자시난분
影浸綠水衣無濕　　　영침록수의무습
夢踏靑山脚不苦　　　몽답청산각불고

스님과 함께 지은 시 3

남녀가 짝을 지으려면 기유일이 가장 좋고[중]
야밤에 아이를 낳으려면 해시가 어렵도다.[김삿갓]
그림자는 물에 잠겨도 옷이 젖지 않고[중]
꿈에 청산 올라도 다리 아프지 않다네.[김삿갓]

《감상》
모두 절묘한 구절들이다.
(配)배 : 己酉(기유)
(孩)해 : 亥子(해자)

詩僧共作 시승공작 4

群鴉影裡千家夕 군아영리천가석 [僧(승)]
一雁聲中四海秋 일안성중사해추 [笠(립)]
假僧木折月影軒 가승목절월영헌 [僧(승)]
眞婦菜美山姙春 진부채미산임춘 [笠(립)]

스님과 함께 지은 시 4

까마귀 떼 나는 그림자 아래 마을 저물고[중]
외기러기 우는 소리 온 세상은 가을이 왔네.[김삿갓]
'가중(죽)나무' 부러짐에 달 그림자 난간에 어리고[중]
'참며느리 나물' 맛이 좋아 산은 봄을 잉태했도다.[김삿갓]

《감상》
스님은 김삿갓을 곯려주려고 '가중나무(가죽나무)'라는 말을 썼다. 그러자 그 대구로 '참
며느리 나물'로 응수하였다.

詩僧共作 시승공작 5

石轉千年方倒地 석전천년방도지 [僧(승)]
峰高一尺敢摩天 봉고일척감마천 [笠(립)]
靑山買得雲空得 청산매득운공득 [僧(승)]
白水臨來魚自來 백수임래어자래 [笠(립)]

스님과 함께 지은 시 5

산 위의 돌은 천년을 굴러야 땅에 닿을 듯[중]
봉우리가 한 자만 높아도 하늘을 만져 보겠네.[김삿갓]
청산을 돈 주고 샀더니 구름은 공짜일세.[중]
맑은 물가에 이르니 고기는 절로 모여드네.[김삿갓].

《감상》
산이 높다는 표현으로 산 위의 돌이 천년을 굴러야 땅에 닿게 된다고 하니, 봉우리가 한
자만 더 높았더라면 하늘에 닿을 뻔했다고 응수한다.

詩僧共作 시승공작 6

秋雲萬里魚鱗白 추운만리어린백 [僧(승)]
枯木千年鹿角高 고목천년녹각고 [笠(립)]
雲從樵兒頭上起 운종초아두상기 [僧(승)]
山入漂娥手裡鳴 산입표아수리명 [笠(립)]

스님과 함께 지은 시 6

가을 구름이 만리에 걸쳤으니 흰 고기 비늘 쌓인 것 같고[중]
천년 묵은 고목의 가지는 사슴의 뿔이 솟은 듯[김삿갓]
초동의 머리 위로 구름이 일어나고[중]
빨래하는 방망이 소리 산골을 울리네.[김삿갓]

《감상》
대구를 구사한 구절이다. 추운 ▶ 고목, 만리 ▶ 천년, 어린 ▶ 녹각, 백 ▶ 고, 대구를 잘 이룬
것은 비록 이 구절 뿐만이 아니라, 모든 구절마다 모두 절묘한 대구를 구사하고 있다.

詩僧共作 시승공작 7

登山鳥萊羹　　　등산조래갱 [僧(승)]
臨海魚草餅　　　임해어초병 [笠(립)]
水作銀杵春絶壁　수작은저용절벽 [僧(승)]
雲爲玉尺度靑山　운위옥척도청산 [笠(립)]

스님과 함께 지은 시 7

산에 오르니 새들이 '쑥국쑥국' 울어 대고[중]
바다에 가니 고기들이 '풀떡풀떡' 뛰어오른다.[김삿갓]
폭포는 은 절구공이가 되어 절벽을 찧고[중]
구름은 옥으로 만든 자인양 청산을 재도다.[김삿갓]

《감상》
폭포를 은으로 만든 절구공이이며 절벽에서 밑으로 내리꽂힌다는 표현이나, 구름을 하늘
을 재는 옥으로 만든 자라고 표현한 것은 뛰어나다 하겠다.

詩僧共作 시승공작 8

月白雪白天地白 월백설백천지백 [僧(승)]
山深夜深客愁心 산심야심객수심 [笠(립)]
燈前燈後分晝夜 등전등후분주야 [僧(승)]
山南山北判陰陽 산남산북판음양 [笠(립)]

스님과 함께 지은 시 8

달고 희고 눈도 희고 천지가 모두 하얗고[중]
산 깊고 밤 깊고 나그네 수심도 깊네.[김삿갓]
등불 켜기 전 낮이요 등불 켜면 밤이로다[중]
남산 북산 나누어서 음지 양지 알게 하네.[김삿갓]

《감상》
이 16의 대구로서 금강산의 전경이 모두 읊어졌다. 스님과 감삿갓은 오랜만에 마음이 통하는 상대를 만나 막상막하의 대결이었지만, 그저 즐겁기만 했다.

姜座首逐客 강좌수축객

祠堂洞裡問社堂　사당동리문사당
輔國大匡姓氏姜　보국대광성씨강
先祖遺風依北佛　선조유풍의북불
子孫愚流學西羌　자손우류학서강
主窺簷下低冠角　주규첨하저관각
客立門前嘆夕陽　객립문전탄석양
座首別監分外事　좌수별감분외사
騎兵步卒可當當　기병보졸가당당

강 좌수가 사람을 내쫓다

사당동 안에서 사당을 물으니
벼슬은 보국대광 성씨는 강이더라.
선조의 유풍은 불교가 분명한데
자손은 어리석게도 오랑캐 교육 받았네.
주인은 처마 밑 관을 낮추어 내다 보고
나그네는 문 앞에서 석양을 탄식한다.
좌수 별감 신분은 분수에 넘치고
기병 따라다니는 보졸이 마땅하도다.

《감상》
강씨 보국대광 사당을 방문했다. 매정한 강 좌수의 거절로 김삿갓은 좌수의 벼슬이 아깝
다며 풍자한 시이다.

玉之 옥지

屋之上之登之 옥지상지등지
鳥之雛之執之 조지추지집지
瓦之落之破之 와지낙지파지
師之奴之撻之 사지노지달지

지붕 위로 올라가

지붕 위로 올라가서
새 새끼 잡으러 가다가
기왓장 떨어져 깨어지니
선생님 노하시어 종아리 치시네.

《감상》
김삿갓이 유년 시절에 지은 시라고 전한다. 기와집 지붕에 있는 새를 잡으러 올라가 기왓
장이 깨졌다. 훈장으로부터 종아리 맞는 대신 벌로 지은 시라고 한다.

逢雨宿村家 봉우숙촌가

曲木爲椽檐着塵　곡목위연첨착진
其間如斗僅容身　기간여두근용신
平生不欲長腰屈　평생불욕장요굴
此夜難謨一脚伸　차야난모일각신
鼠穴煙通渾似漆　서혈연통혼사칠
篷窓茅隔亦知晨　봉창모격역지신
雖然免得衣冠濕　수연면득의관습
臨別慇懃謝主人　임별은근사주인

비를 만나 촌가에서 자다

굽은 나무 가래 만들고 처마는 먼지 끼고
그 사이 좁은 방은 겨우 몸이 들어가
평생 동안 긴 허리 굽히고자 않았건만
오늘 밤은 다리 하나 펴기도 어렵구나.
쥐구멍으로 연기 들어와 칠흙처럼 어둡고
봉창을 갈대로 가려 새벽도 모르겠네.
그래도 의관이 젖음을 면하였으니
떠날 때 주인에게 고맙다고 인사라도 해야지.

《감상》
가난한 농촌 마을에서 비를 피하여 하룻밤을 지냈다. 작고 누추하지만 주인의 온정에 감
사한 시이다.

歎飲野店 탄음야점

千里行裝付一柯　천리행장부일가
餘錢七葉尙云多　여전칠엽상운다
囊中戒爾深深在　낭중계이심심재
野店斜陽見酒何　야점사양견주하

주막에서

천리 먼 길 지팡이 하나 의지하고
남은 돈 일곱 푼도 많은 편이네.
너만은 주머니 깊이 있으라 했건만
주막집 석양 녘에 술을 보니 어찌하랴.

《감상》
정처 없이 방랑하는 그에게 가진 것은 삿갓과 지팡이 하나다. 가는 곳이 고향이요, 자는 곳이 집이다. 남은 돈 몇 푼도, 석양에 주막에서 술을 보니 마시지 않고 어찌할까.

孔氏家　공씨가

臨門老尨吠孔孔　임문노방폐공공
知是主人姓曰孔　지시주인성왈공
黃昏逐客緣何事　황혼축객연하사
恐失夫人脚下孔　공실부인각하공

공씨네 집에서

문 앞에 늙은 삽살개 콩콩 짖는 걸 보니
이 집 주인 성씨가 공가인 줄 알겠네.
황혼에 나그네를 웬 연고로 내쫓는가
제 마누라 다리 밑구멍 잃을까 봐 겁낸 거지.

《감상》
공씨 집 문전에서 하룻밤 신세를 질까 청했으나 삽살개만 짖어댄다.
주인이 문도 안 열어 주는 까닭이 아마도 제 마누라 잃을까 겁이 나서겠지라며 스스로 위
안을 삼는다.

宿農家 숙농가

終日緣溪不見人　종일연계불견인
幸尋斗屋半江濱　행심두옥반강빈
門塗女媧元年紙　문도여와원년지
房掃天皇甲子塵　방소천황갑자진
光黑器皿虞陶出　광흑기명우도출
色紅麥飯漢倉陳　색홍맥반한창진
平明謝主燈前途　평명사주등전도
若思經宵口味辛　약사경소구미신

농가에서 자다

종일 개울을 지나도 사람 볼 수 없어.
다행히 오두막 집을 강가에서 찾았네.
문은 여와 원년의 종이로 발랐고
방은 천황 갑자년 먼지로구나.
거무튀튀한 그릇은 순 임금때 만든 거고
붉은 보리밥은 한나라 창고에서 묵은 보리구나.
날 밝아 주인께 사례하고 길 떠났지만
지난 밤 생각하면 입맛이 쓰구나.

《감상》
가난한 농가에서 묵게 되었는데, 워낙 깊은 산골인지라 모든 게 마땅찮아 불편한 심기를
표현한 시이다.

是是非非 시시비비

是是非非非是是　시시비비비시시
是非非是非非是　시비비시비비시
是非非是是非非　시비비시시비비
是是非非是是非　시시비비시시비

시시비비

옳은 것은 옳다 하고 그른 것은 그르다 함이 꼭 옳은 것은 아니며,
그른 것을 옳다 하고, 옳은 것을 그르다 함이 꼭 옳지 않은 것은 아
니네.
그른 것을 옳다 하고 옳은 것을 그르다 하는 것이 그른 것이 아니
고,
옳은 것은 옳다 하고 그른 것을 그르다 하는 것이 시빗거리라네.

《 감상 》
김병연 시의 특징은 한시의 형식적인 구속에서 벗어나 중국어 발음 체계의 평측법이나
압운법 같은 것을 무시해 버리는 파격(破格)이 대부분이다.

弄詩 농시

六月炎天鳥坐睡　유월염천조좌수
九月凉風蠅盡死　구월량풍승진사
月出東嶺蚊簷至　월출동령문첨지
日落西山烏向巢　일락서산오향소

희롱하는 시

유월 염천(六月炎天)에 새가 앉아 졸고
9월 찬 바람에 파리가 다 죽더라.
달이 동쪽 산마루에 뜰 때 모기는 처마에 이르고
해가 서산에 떨어지면 까마귀가 둥지로 찾아간다.

《감상》
소리는 같으나 뜻이 다른 '동음이의(同音異意)' 시이다.
鳥座首(조좌수) → 趙座首(조좌수)
蠅盡死(승진사) → 承進士(승진사)
蚊簷至(문첨지) → 文僉知(문첨지)
烏向巢(오향소<수>) → 吳鄕首(오향수)

이를 쉽게 풀이하면 다음과 같다.
조 좌수는 뙤약볕에 앉아 조는 새 같고
승 진사는 구월 찬바람에 다 죽어 가는 쥐새끼 같고
문 첨지는 동산에 달 뜨면 나타나는 모기 같고
오 향수는 서산에 해 진 뒤 돌아가는 까마귀와 같구나.

粥一盃 죽일배

四脚松盤粥一盃 사각송반죽일배
天光雲影共徘徊 천광운영공배회
主人莫道無顔色 주인막도무안색
墺愛靑山倒水來 오애청산도수래

죽 한 그릇

네 다리 소반 위에 멀건 죽 한 그릇
하늘에 뜬 구름 그림자가 그 속에서 함께 떠도네
주인장은 면목 없다 말씀을 마소.
물 속에 비치는 청산을 나는 좋아한다오

《감상》
산골 가난한 농부 집에서 하룻밤 묵은 김삿갓.
가진 것 없는 주인의 저녁 끼니는 멀건 죽 한 사발. 죽밖에 대접할 것 없어 미안해 하는
주인장에게 이 시를 적어 주지만, 글 모르는 농부에게는 그 무슨 소용 있을까?

風俗薄 풍속박

斜陽叩立兩柴扉　사양고립양시비
三被主人手却揮　삼피주인수각휘
杜宇亦知風俗薄　두우역지풍속박
隔林啼送不如歸　격림제송불여귀

인정머리 없음

석양에 두서너 집 문을 두드리며 섰으나
주인은 모두 손을 세 차례나 휘두르며 나를 피하네.
두견새도 야박한 풍속을 아는지
숲속에서 울어대네, 돌아가라고

《감상》
해질 무렵에 하룻밤 자고 가기를 청하는 나그네에게 손을 홰 홰 내저으며 완강히 거절하는 야박한 인심. 두견새도 그것을 아는 듯 멀리 숲속에서 '차라리 돌아감만 못하다'고 울어댄다.

貧 빈

盤中無肉權歸菜　반중무육권귀채
廚中乏薪禍及籬　주중핍신화급리
婦姑食時同器食　부고식시동기식
出門夫子易衣行　출문부자이의행

가난뱅이

밥상에 고기 없으니 채소 반찬이 판을 치고,
부엌에 땔나무 없으니 울타리가 화를 입네.
며느리와 시어머니는 같은 그릇에 밥을 먹고
부자가 출입할 때는 옷을 바꾸어 입네.

《감상》
가난한 사람들의 생활을 드러낸 글이다.

艱貧　간빈

地上有仙仙見富　지상유선선견부
人間無罪罪有貧　인간무죄죄유빈
幕道貧富別有種　막도빈부별유종
貧者還富富還貧　빈자환부부환빈

가난

세상에 신선 있다, 돈 있으면 신선이네
인간에게 무슨 죄, 가난이 죄이로다.
본래 빈부 없었고 종자가 따로 없네
가난한 자 부자 되고 부자도 가난해지네.

《감상》
정처 없이 방랑하는 김삿갓에게는 늘 잠잘 곳이 걱정이다. 길가 오두막집의 문을 두드렸
더니 주인은 다행히 인심이 좋은 사람이어서 반겨 주었으나 너무 가난하다. 그는 주인의
따뜻한 인정이 너무 고마워서 시 한 수를 읊었다.

譬世 비세

富人困富貧困貧 부인곤부빈곤빈
飢飽雖殊困則均 기포수수곤칙균
貧富俱非吾所願 빈부구비오소원
願爲不富不貧人 원위불부불빈인

세상을 비유하다

부자는 부자대로 가난뱅이는 가난뱅이대로
주리고 배부르고 걱정 있음 모두 같네.
가난과 부자 모두 원하는 바 아니요,
부자도 가난뱅이도 아닌 그런 사람 되고 싶네.

《감상》
부자도 아니고 가난뱅이도 아닌, 모든 것을 초월한 세상을 살아가고 싶은 김삿갓의 중도
사상을 잘 나타낸 글이다.

柳雅士 유아사

缺句　　　　　결구

人說是非吾掩口　인설시비오엄구
世爭名利子搖頭　세쟁명리자요두
由牛德行高山仰　염우덕해고산앙
司馬文章大海流　사마문장대해류
川不其流秋日昃　천불기류추일측
生涯何恨蜀淸遊　생애하한촉청유

유 선비에게

사람들은 옳으네 그르네 하지만 나는 입을 다물고
세상 사람 명리 다투어도 자네는 그렇지 않네.
'허유'의 덕행은 높은 산도 우러러보고
'사마광'의 문장은 큰 바다같이 흐르도다.
냇물은 흘러 그치지 않고 가을 해는 쉬 저무나니
생애를 명분과 절개에 부친들 무슨 한이 있으리오,

《감상》
세속에 물들지 않고 깨끗하게 살아가는 친구에게 자신의 마음을 담아 보낸 글이다. 지조
를 지키며 바르게 살아가는 것이 곧 선비의 바른 삶이라고 일러 준다.

求鷹判題 구응판제

得於靑山 득어청산
失於靑山 실어청산
問於靑山 문어청산
靑山不答 청산부답
靑山卽刻捉來 청산즉각착래

매를 잃은 태수에게

청산에서 얻어서 청산에서 잃었으니
청산에게 물어 보고 청산이 대답 없으면
청산을 즉시 잡아오렷다.

《감상》
김삿갓이 이 어느 고을을 지나가는데 아전들이 야단들이다. 사연인 즉 그 지방의 태수가 매를 잃고 아전들에게 찾아오라고 호통을 친다는 것이다.
김삿갓은 웃으면서,
"본래 청산에서 잡은 것인데 청산에서 잃었으니 청산에게 물어 보고 청산이 대답하지 않으면 청산을 잡아 대령하라."
하며 태수를 야유하는 글을 지었다.

斷句一句 단구일구

萬事皆有定 만사개유정
浮生空自忙 부생공자망

뜬 인생

세상 만사는 모두 정해져 있는데
뜬 구름 같은 인생, 공연히 서두르네

《감상》
이미 정해져 있는 인생인데, 물 흘러가듯 가면 그 뿐, 무엇을 위해 몸부림을 치는 것인가!

老 노

五福誰云一日壽　오복수운일왈수
堯言多辱知如神　요언다욕지여신
舊交皆是歸山客　구교개시귀산객
新少無端隔世人　신소무단격세인
筋力衰耗聲似痛　근력쇠모성사통
胃臟虛乏味思珍　위장허핍미사건
內情不識看兒苦　내정불식간아고
謂我浪遊抱送頻　위아랑유포송빈

늙음

오복 중 장수(長壽)가 으뜸이라고 누가 말했던가
오래 살면 욕 된다던 요 임금 말이 귀신같이 용하구나.
사귀던 옛 친구들은 다 산으로 손님되어 돌아갔고
요즘 젊은 것들은 딴 세상 사람 같네.
근력은 쇠약하고 목소리도 끙끙 앓는 것 같은데
위장은 허해져서 맛난 것만 생각나네.
아이 보는 괴로운 속사정 알지도 못하고서
나더러 논다고 걸핏하면 아이 안아 보내네.

《 감상 》
중국의 요 임금이 한 말이,
"아들이 많으면 근심이 많아지고, 부귀하면 일이 많으며 오래 살면 욕될 일이 많아진다."
라고 했다.
오복(五福)의 첫째는 '장수(長壽)'라 하지만, 늙으면 버림 받고 외로워지니 요 임금이 이를 알고,
"장수(長壽)는 다욕(多辱)"
이라고 했다.

墓爭 묘쟁

以士大之女　　이사대지여
臥於祖父之間　와어조부지간
付之於祖乎　　부지어조호
付之於父乎　　부지어부호

묘 다툼

사대부의 딸로서
할아버지와 아버지 사이에 누웠으니
할아버지에게 붙으리까.
아버지에게 붙으리까.

《감상》
세도가 당당한 어느 사대부 집에서 딸의 묘를 남의 가족 묘 사이에 썼다. 죽은 딸을 남의
집 할아버지에게 첩으로 시집 보내는 것인지 아리송하다고 사대부 집의 경우 없음을 욕
하는 글이다.

犢價訴題 독가소제

四兩七錢之犢　사량칠전지독
放於青山綠水　방어청산녹수
養於青山綠水　양어청산녹수
隣家飽太之牛　인가포태지우
用其角於此犢　용기각어차독
如之何則可乎　여지하칙가호

송아지 값 소송

넉 냥 칠 전 주고 사 온 송아지를
청산 녹수(青山綠水)에 풀어 놓고
청산 녹수로 길러 왔는데
이웃집의 콩을 배불리 먹고 자란 소가
그 뿔로 송아지를 받았으니
이 일을 어찌하면 가(可)하오리까.

《감상》
가난한 과부가 알뜰히 저축해서 모은 돈 4냥 7전으로 사 온 송아지를 들에 풀어 놓고 길
렀는데, 이웃 부잣집 황소가 뿔로 받아서 그만 죽여 버렸다.
실의에 빠져 있는 농부를 본 김삿갓이 원님에게 농부를 대신해서 고소장을 써 주었는데.
원님은 이 기상 천외한 소장을 보고 껄껄 웃으며 송아지 값을 물어 주도록 조치를 취했다
고 한다.

年年年去 연년년거

年年年去貿窮去 연년년거무궁거
日日日來不盡來 일일일래부진래
年去日來來又去 연거일래래우거
天時人事此中催 천시인사차중최

해마다 해는 가고

해마다 해는 가고 끝없이 가고
날마다 날은 오고 끝없이 오네.
해가 가고 날이 오며 오고 또 가서
천시(天時)와 인간사(人間事), 그 속에서 재촉하네.

《감상》
이 시에 쓰인 글자는 모두 24자이다. 그 가운데서 년, 일, 거, 래 자가 각각 4자씩 모두
16자 들어 있으며, 나머지 12개의 다른 글자를 써서 한 해를 보내는 감회를 읊었다.

輓詞 1 만사 1

同知生前雙同知　동지생전쌍동지
同知死後獨同知　동지사후독동지
同知捉去此同知　동지착거차동지
地下願作雙同知　지하원작쌍동지

죽은 친구에게

동지여, 그대와 나 살아서는 쌍동지(雙同知)였는데
동지 죽은 뒤에는 독동지(獨同知)로다.
동지여 이 동지도 어서어서 잡아가
지하에서 다시 쌍동지되기를 원하노라.

《감상》
어느 고을에서 만난 한 노인이 김삿갓에게 자기와 무척 친한 친구가 죽었는데 만사를 써
달라고 부탁한다. 평생 생사고락을 함께 누린 동지였을 뿐만 아니라, 죽어 저승에 가서라
도 동지가 되기를 약속한 친구란다. 노인이 동지라는 말을 너무 많이 쓰며 강조하기에 김
삿갓도 동지라는 말을 많이 써서 만사를 지었다.

輓詞 2 만사 2

歸何處 歸何處 귀하처 귀하처
三生瑟 五彩衣 삼생슬 오채의
都棄了 歸何處 도기료 귀하처
有誰知 有誰知 유수지 유수지
黑漆漆 長夜中 흑칠칠 장야중
獨啾啾 有誰知 독추추 유수지
何時來 何時來 하시래 하시래
千疊山 萬重水 천첩산 만중수
此一去 何時來 차일서 하시래

남편에게

어디로 갔소 어디로 갔소.
삼생(三生)의 슬(瑟)과 오채(五彩)의 옷을
모두 버리고 어디로 갔소.
누가 알리오 누가 알리오
옻칠처럼 캄캄한 긴긴 밤에
나 홀로 우는 것을 누가 알리오
언제 오려나 언제 오려나
첩첩 산 모두 넘고 만리 물을 건너서
이번 한 번 가면 언제 다시 오려나.

《감상》
삼생슬(三生瑟) : 처(妻)를 말함. 오채의(五采衣) : 자녀를 말함,
남편을 잃은 젊은 과부는 애절하게 운다. 남겨진 어린 자식과 앞으로 살아갈 일도 걱정이
려니와 삼생에 걸쳐 함께 잘 살자던 맹세가 이렇게 허무하게 깨어지니 천 갈래 만 갈래로
가슴이 찢어질 뿐이다. 관을 붙들고 푸념하며 우는 청상의 애절한 울음 소리를 들으며 김
삿갓도 뜨거워지는 눈시울을 억지로 참고 위와 같은 만시를 썼다.

思鄉 1 사향 1

西行已過十三州　서행이과십삼주
此地猶然惜去留　차지유연석거류
雨雪家鄉人五夜　우설가향인오야
山河逆旅世千秋　산하역려세천추
莫將悲慨談靑史　막장비개담청사
須向英豪問白頭　수향영호문백두
玉館孤燈應送歲　옥관고등응송세
夢中能作故園遊　몽중능작고원유

고향 생각 1

서쪽으로 열세 고을을 지나 왔건만
아직도 이 곳에서 떠날까 말까 망설이도다.
눈비 내리는 한밤중에 고향 사람 그리워 잠 못 이루니
천지 강산은 천추의 고단한 나그네 길일 것이다.
지난 역사 생각하고 비분 강개(悲憤慷慨)하지 말고
모름지기 영웅 호걸에게 백발을 물으리라.
옥관(玉館)의 외로운 등불 밑에서 세월을 보내니
꿈속에서나 찾아가리 그리운 고향.

《감상》
방랑하는 김삿갓에게는 늘 그리운 것이 고향이다. 눈비 내리는 기나긴 밤, 잠 못 이루는
새벽이면 항상 그리운 것이 남겨 둔 부모 처자의 안부다. 좋았던 젊은 시절은 다 지나가
고 이미 백발이 귀밑을 덮었지만, 영원한 방랑의 길은 끝이 없다. 그리운 고향은 꿈속에
서나 찾아가리.

思鄕 2 사향 2

皇州古路杳如天　황주고로묘여천
日下芳名動少年　일하방명동소년
嬉笑文章蘇學士　희소문장소학사
風流詞曲柳屯田　풍류사곡류둔전
遊情薊樹浮煙海　유정계수부연해
別語灣燈明玉盞　별어만등명옥잔
未識今宵能憶我　미식금소능억아
寒梅老屋坐蕭然　한매노옥좌소연

고향 생각 2

한양 과거 보러 가는 옛길이 아득하기 하늘 같으니
온 세상에 떨친 이름 어릴 때 마음을 움직이네.
즐겁게 웃으며 짓던 문장은 '소동파' 같고
풍류에 어울리는 가곡(歌曲)은 '유종원'과 같도다.
노니는 정은 소림(蘇林) 나무가 안개 바다에 뜬 듯하고
이별하는 말은 나루터 등불이 옥잔(玉盞)에 밝더라.
모르겠구나, 오늘 밤에 능히 나를 생각하는가.
찬 매화(梅花)만 옛집에 쓸쓸히 피었으리니.

《감상》
생각해 보니 꿈과 같은 옛일이다. 과거 보러 서울로 가던 일, 급제하여 이름을 날리던 소년 시절. 소동파에 못지 않은 글재주, 그리고 유종원을 능가하는 노래 솜씨는 모든 사람들로부터 극찬을 받았다. 그러나 그 모두는 지나가 버린 꿈속의 일들이다. 객지에 외롭게 누워 있는 지금의 김삿갓을 과연 누가 기억해 줄까. 고향집 뜰 안에 서 있는 매화만이 알고 있을까. 자신의 쓸쓸한 심정을 그린 시이다.

山所訴出 산소소출

堀去堀去隻之恒言 굴거굴거척지항언
捉來捉本守之例言 착래착본수자예언
今日明日 　　　　금일명일
乾坤不老月長在 　건곤불로월장재
此頉彼頉 　　　　차탈피탈
寂寞江山今百年 　적막강산금백년

산소 고발

파 간다 파 간다 저쪽이 늘 하는 말
잡아 온다 잡아 온다 본 태수가 늘 하는 말
오늘 내일 하는 사이 세월만 자꾸 가고
이 탈 저 탈 하는 사이 적막 강산 백 년 되네.

《감상》
어느 중년 부인이 자기 남편 묘 옆에 어느 집에서 새로 묘를 쓴 것을 보고,
"이것을 파 가라, 파 가라."
했으나 그저,
"파 간다 파 간다."
라는 말만 하고 파 가지 않았다.
군수에게 호소해도 그저,
"잡아 온다, 잡아 온다,"
할 뿐 해결을 해 주지 않는다.
그래서 김삿갓에게 애원했더니 김삿갓이 고소장을 써 주기에 그것을 군수에게 가져가니
군수가 그 기지에 감탄하며 즉시 해결해 주었다는 시.

自傷 자상

哭子靑山又葬妻　곡 자 청 산 우 장 처
風酸日落轉凄凄　풍 산 일 락 전 처 처
忽然歸家女僧舍　홀 연 귀 가 여 승 사
獨擁寒衾坐達鷄　독 옹 한 금 좌 달 계

스스로 제 몸을 해치다

자식을 청산에 묻고 또 처를 장사 지내
부는 바람 스산하고 해가 지니 더욱 쓸쓸하구나.
집에 돌아오니 집 안은 절간 같고
찬 이불 안고 홀로 닭 울 때까지 앉았노라.

《감상》
한꺼번에 아들과 처를 잃은 젊은 사나이의 슬픔을 묘사한 글이다. 처자가 없는 집에 들어
가니 마치 절간 같다. 홀로 울며 이불을 안고 뜬눈으로 밤을 새우는 슬픈 마음이 잘 그려
져 있다.

與趙雲卿上樓 여조운경상루

也知窮達不相謀 야지궁달불상모
思樂橋邊幾歲周 사락교변기세주
漢北文章今太守 한북문장금태수
湖西物望舊荊州 호서물망구형주
酒誡光藥常爲病 주계광약상위병
詩亦風流可與酬 시역풍류가여수
野笠殆嫌登政閣 야립태혐등정각
抱琴獨倚海山秋 포금독의해산추

조운경과 다락에 오르다

궁하고 영달함이 어울릴 수 없는 것을 잘 알지만
그래도 사락교 주변에서 몇 해를 돌았던가?
한북 문장은 지금의 태수(조운경)요
호서 지방 높은 물망 옛날 형주 태수로다.
술은 실로 미치는 약이라 병 된다고 일깨우고
이 역시 풍류라 더불어 주고받았도다.
삿갓 쓴 야인이라 정각에 어찌 오르리오
거문고 안고 홀로 가을 산 바다를 벗삼으리.

《감상》
김삿갓과 마음이 통하는 조운경이 안변 군수로 임명되어 임지로 떠날 때 송별의 시로 지은 글이다. 궁한 자신과 어울릴 수 없는 귀한 신분인데도 늘 함께 시를 지으며 즐겨 만나주었고, 술 마시는 것에 대해서도 항상 걱정을 해 준 고마운 조운경에게 형주 태수 만큼 훌륭한 관리가 되라고 했다.

吟空歌 음공가

甚寒漢高祖 심 한 한 고 조
不來陶淵明 불 래 도 연 명
欲擊始皇子 욕 격 시 황 자
豈無楚覇王 기 무 초 패 왕

공상의 노래

한고조(漢高祖: 劉邦) 매우 추우니
도연명(陶淵明)이 오지 않더라.
진시황[秦始皇: 扶蘇(부소)]의 아들을 치고자 하는데
어찌 초패왕[楚覇王: 項羽(항우)]이 없으랴.

《감상》
한고조, 도연명, 진시황, 항우의 이름을 이용해서 시를 지었다. 위의 내용을 글자의 뜻을
다르게 취함으로써 다음과 같은 풀이가 된다.
강가의 높은 곳에 있는 할아버지 몹시 추워서 화창한 못가 밝아 와도 오지를 않네. 처음
으로 황태자를 때리고자 하니 어찌 종아리를 칠 권세 가진 왕이 없으랴.

偶吟 우음 1

劒思徘徊快馬鳴　검사배회쾌마명
聞鷄默坐數前程　문계묵좌수전정
亂山經歷多花事　난신경력다화사
大海觀歸小水聲　대해관귀소수성
歲月皆貧猶卒忽　세월개빈유졸홀
煙霞是世自昇平　연하시세자승평
黃金滿袖擾擾子　황금만수요요자
送我路邊半市情　송아노변반시정

우연히 읊음 1

칼날 생각 마음 속 배회하다 말처럼 달려가
새벽 닭 소리 들으며 앞날을 헤아린다.
많은 산천 떠돌아 다녔기에 꽃다운 일도 많았고
큰 바다를 보았으니 개울물 따위 들리지도 않아
세월은 모두 손님 같아 총총히 지나가고
연기와 노을 같은 세상 모두 태평을 좇고 있네.
소매 속에 돈을 가득 넣고 다니는 부자 양반
노변에서 나를 보내는 그 인사는 겉치레 뿐일러라.

《감상》
방랑하는 김삿갓에게는 늘 정이 그립다. 산전 수전 다 겪으며 온갖 고을을 다 돌아다녔으
니 그 사이에 더러는 좋은 일도 있었다.
그를 떠나 보내는 부자 양반들이 겉치레로 하는 인사는 진정이 없어 섭섭하다.

偶吟 우음 2

抱水背山隱逸鄕　포수배산은일향
時遊農圃又書堂　시유농포우서당
檠花野雪兩全色　경화야설양전색
岸柳江梅二獨陽　안류강매이독양
日謨閑趣徒棋友　일모한취종기우
心却繁華遠媚觴　심각번화원미상
人物擧皆無不用　인물거개무불용
捨其所短取其長　사기소단취기장

우연히 읊음 2

앞에는 강(江)을 안고 뒤에는 산을 등진 깊은 산골에 묻혀 사니
때때로 논밭도 둘러 보고 서당에도 가 보네.
등잔불과 들에 쌓인 눈은 아직도 겨울인데
언덕 버들과 강가 매화(梅花)는 봄을 독차지하네.
날마다 한가해 취미삼아 바둑 친구를 찾고
마음에 번거로운 것을 물리치니 아첨하는 술도 안 마시네.
인물은 누구든지 못 쓸 인물이 없으니
단점은 버리고 장점만 취하시게.

《감상》
깊은 산골에 묻혀 사니 늘 한가롭다. 때로는 채마도 돌아보고 서당에도 가 본다. 아직도
바람은 찬데 언덕 위의 버들가지는 푸른 빛이 완연하고 매화나무 가지에는 꽃이 한창이
다.
생각하니 사람은 모두 못 쓸 사람 없는데, 세상이 사람을 알아 주지 않는다. 단점은 버리
고 장점만 살린다면 적재적소에 귀하게 쓸 수 있을 것을.

白髮汝非 백발여비

白髮汝非金進士 백발여비김진사
我亦靑春如玉人 아역청춘여옥인
酒量漸大黃金盡 주량점대황금진
世事在知白髮新 세사재지백발신

머리 허연 자네가 아닌가

머리털 흰 것 보니 자네 김 진사 아니냐
나도 청춘 시절에 옥처럼 고왔다네.
주량은 점점 느는데 돈은 떨어지고
세상 일 알 만하자 백발이 되었구나.

《 감상 》
산골길을 걷다가 큰 샘물을 발견했다. 물 속에 비친 자신을 보고 청춘이었던 내가 어느
새 백발이 되었는가. 무정한 세월을 한탄하면서 지은 시.

川獵　천렵

鼎冠撑石小溪邊　정관탱석소계변
白粉靑油煮杜鵑　백분청유자두견
雙箸挾來香滿口　쌍저협래향만구
一年春色腹中傳　일년춘색복중전

천렵

작은 시냇가에 솥뚜껑을 돌에 걸어 놓고
흰 가루와 맑은 기름으로 진달래꽃 전을 부치네.
젓가락으로 집어먹으니 꽃 향기 입 속에 가득하고
한 해의 봄기운이 뱃속으로 전해 오네.

《감상》
따뜻한 봄날 시냇가에 모여 화전놀이를 한다. 진달래꽃으로 전을 부쳐 먹으며 풍류를 즐기는 모양을 묘사한 시이다.

自顧 자고

笑仰蒼穹坐可超　소앙창궁좌가초
回思世路更迢迢　회사세로경초초
居貧每受家人謫　거빈매수가인적
亂飮多逢市女嘲　난음다봉시녀조
萬事付看花散日　만사부간화산일
一生占得月明宵　일생점득월명소
也應身業斯而已　야응신업사이이
漸覺靑雲分外遙　점각청운분외요

나를 돌아보며

웃으며 푸른 하늘 우러러보다 앉으니 마음은 더욱 아득하고,
지나온 길 돌이켜 생각해 보니 살아 온 일 더욱 까마득하네.
가난하게 사니 늘 식구들의 핀잔 받았고
술 어지럽게 마셔 거리의 여인들에게 많은 조롱 받았네.
이 세상 모든 일 낙화 보듯 흘려 보냈고
일생을 밝은 달과 벗하여 살자고 했지.
응당 내 몸으로 짓는 업이 이것 뿐이니
청운이 분수 밖임을 이제야 알았노라.

《감상》
자신의 기구한 운명을 돌이켜 생각해 보니 까마득하기만 하다. 세상을 달밤에 길 가듯 흐
릿하게 보고만 살았다. 자신이 지은 업의 대가라고 생각하고, 청운의 꿈이 모두 분수 밖
의 일임을 점차 알게 되었다.

自詠 자영

寒松孤店裡　한송고점리
高臥別區人　고와별구인
近峽雲同樂　근협운동락
臨溪鳥與隣　임계조여린
錙銖寧荒志　치수령황지
詩酒自娛身　시주자오신
得月卽帶憶　득월즉대억
悠悠甘夢頻　유유감몽빈

스스로 읊음

쓸쓸한 소나무 밑 외딴 주막에서
높이 누웠으니 딴 세상 사람일세.
산이 가까우니 구름과 함께 놀고
개울 가에 가서는 새와 함께 벗 되네.
따지는 야박한 세상에 어찌 뜻을 두랴
시와 술로써 나 스스로 위로하리.
달이 떠오르니 생각을 너그럽게
내 마음 한가로이 단꿈을 자주 꾸네.

《감상》
산의 구름을 즐기고 개울가에서 새 소리를 들으며 외딴 주막에 누워 있으니 딴 세상 사람
같다. 만사를 따지고 드는 세상에 마음 둘 일 없다. 시를 즐기고 술을 벗하며 한가로이 사
는 것이 김삿갓의 마음이다. 떠오르는 달을 보면 모든 상념이 다 없어지고 마음은 스스로
너그러워질 뿐이다.
이 시는 김삿갓이 송도 근처 진봉산을 찾았다가 잘못하여 절벽에서 떨어져 사경을 헤매
던 중 마침 천석사(泉石寺) 스님이 구해 몸을 회복하면서 쓴 시이다.

自嘆 자탄

嗟乎天地間男兒　차호천지간남아
知我平生者有誰　지아평생자유수
萍水三千里浪跡　평수삼천리랑적
琴書四十年虛事　금서사십년허사
靑雲難力致非願　청운난력치비원
白髮惟公道不悲　백발유공도불비
警罷還鄕夢起坐　경파환향몽기좌
三更越鳥聲南枝　삼경월조성남지

스스로 탄식함

슬프다 온 세상의 남자들이여
내 평생 지내 온 일 알아 줄 이 그 누구인가
삼천리 강산에 부평초처럼 떠돌면서
거문고와 시를 읊던 사십 평생이 모두가 허사로다.
청운의 꿈 어려우니 바라지도 않겠지만,
백발은 공평한 길 슬퍼하지도 않겠네.
귀향의 꿈꾸다가 문득 놀라 깨어 앉으니
한밤중 새 소리만 남쪽에서 들려오네.

《감상》
40 평생 부평초처럼 삼천리 방방곡곡을 떠돌아다니면서 시를 짓고 거문고에 노래를 불러 왔지만, 돌이켜 생각하니 모두가 부질없는 일들 뿐이었다.
귀밑에 생겨나는 백발도 천지 공평한 도리이니 슬퍼하지도 않는다. 다만 그리운 것은 멀리 떨어져 있는 고향 뿐이다.

雜詠 잡 영

靜處門扉着我身	정처문비착아신
賞心喜事任淸眞	상심희사임청진
孤峯罷舞擎初月	고봉파무경초월
老樹開花晚山春	노수개화만산춘
酒逢好友惟無量	주봉호우유무량
詩到名山輒有神	시도명산첩유신
靈境不須求外物	영경불수구외물
世人自是小閑人	세인자시소한인

생각에 잠겨

고요한 곳 암자에 내 몸을 기대 서니
고운 마음 기쁜 일들 맑고 진실하여라.
안개 걷힌 외로운 봉우리 초승달 떠오르고
고목에 꽃이 피니 늦은 산에 봄이로구나.
좋은 벗 만난 술은 감개가 무량하고
시는 명산 닿았으니 저절로 신이 나네.
신령한 경지는 다른 곳에서 구하는 것이 아니로다.
그래서 세상 사람들 한가한 이 적도다.

《감상》
영경(靈境)은 딴 곳에 있는 것이 아니라, 바로 이런 곳에 있는 것이다. 그런데 그것을 세상 사람들은 잘 모른다.

霽後回頭詩 제후회두시

班苔碧草亂鳴蛙　반태벽초난명와
客斷門前村路斜　객단문전촌로사
山雨驟來風動竹　산우취래풍동죽
魚澤跳濺水翻荷　어택도천수번하
閑吟郞月松窓滿　한음랑월송창만
淡抹靑烟柳巷遮　담말청연유항차
鰥老一宵淸景飽　환로일소청경포
顔朱換却髮皤皤　안주환각발파파

비 온 뒤의 경치

아롱진 이끼와 푸른 풀에 어지럽게 개구리 울어대고
손님 끊긴 문전에 촌길만이 비끼었더라.
산 비가 몰아치니 대나무가 흔들리고
연못에서 물고기 뛰어 물을 뿌리니 연꽃 번뜩이네.
한가로이 시 읊으니 달은 창가에 가득하고
버들에 가린 골목 푸른 안개 가득하네.
늙은 홀아비가 오늘 밤 좋은 경치 만끽하니
붉은 얼굴 다 지나가고 백발만 성성하네.

《 감상 》
비가 갠 뒤의 경치는 정말로 아름답다.
뜰에는 작은 연못이 있고 그 뒤로 대나무 숲이 있다. 좋은 경치를 구경하다 문득 돌이켜
보니 남은 것이라고는 오로지 백발뿐이었다.

卽吟 즉음

坐 似 枯 禪 反 愧 髥　좌 사 고 선 반 괴 염
風 流 今 野 不 多 兼　풍 류 금 야 부 다 겸
燈 魂 寂 寞 家 千 里　등 혼 적 막 가 천 리
月 事 蕭 條 客 一 簷　월 사 소 조 객 일 첨
紙 貴 淸 詩 歸 板 粉　지 귀 청 시 귀 판 분
肴 貧 濁 酒 用 盤 鹽　효 빈 탁 주 용 반 염
瓊 琚 亦 是 黃 金 販　경 거 역 시 황 금 판
莫 作 於 陵 意 太 廉　막 작 어 릉 의 태 렴

즉흥으로 읊다

선승처럼 앉았으니 오히려 수염이 부끄럽네.
오늘 밤 풍류는 운치가 많지 않도다.
고향 집은 천리 밖 등불은 적막하고
나그네 바라보는 처마에는 달빛만 쓸쓸하다.
종이 귀해 좋은 시는 판자에 분필을 사용하오
안주 없는 탁주는 소반 가의 소금으로 대신한다.
시 또한 황금 받고 팔리고 있다는데
지나친 청렴만 따를 것이 아니로다.

《 감상 》
방 안에 홀로 앉았으니 마치 참선하는 늙은 중과 같다. 듣건대 세상에는 시도 황금을 받
고 판다는데, 청렴만을 고집하는 것이 반드시 좋은 일은 아닐지도 모르겠다.

出塞 출새

獨坐計君行復行　독자계군행부행
始知千里馬蹄輕　시지천리마제경
綠江斜日東封盡　녹강사일동봉진
白塔浮雲北陸平　백탑부운북륙평
公子出疆仍幕府　공자출강잉막부
詩人到塞便長城　시인도새편장성
倦游搖落空吟雪　권유요락공음설
歲暮誰憐病馬卿　세모수련병마경

변방에서

홀로 앉아 그대들 보니 이리 뛰고 저리 뛰네
천리마 뛰는 소리로 처음엔 알았도다.
푸른 강에 해 기우니 동쪽 경계 다하였고
흰 탑에 구름 머무니 북쪽 땅이 평화롭네.
제후 공자 변방 가니 막부가 연이어 생기고
시인이 변방에 와 보니 긴 성이 있도다.
이리저리 흩날리다 떨어지는 하늘의 눈
올해 벌써 설날인데 병든 군사 누가 돌보랴.

《감상》
변방에 가서 병사들이 수고롭게 국경을 지키고 있는 것을 보고 읊은 시이다.

使臣 사신

似君奇士自東來 사군기사지동래
華夏諸人詎可輕 화하제인거가경
歌送希音空郢市 가송희음공영시
劍騰雙寶盪延平 검등쌍보탕연평
凄涼鶴柱誰仙塚 처량학주수선총
莽陽龍堆是帝城 망양룡퇴시제성
遮莫上書燈北闕 차막상서등북궐
卽今天子不求卿 즉금천자불구경

사신으로 가는 친구여

그대 같은 인물이 동방으로부터 오니
중국 사람인들 어찌 가벼이 여기겠나.
귀하고 아름다운 노래 부르니 영시(郢市)가 야단이고
두 자루 보검을 쳐드니 연평 나루가 들끓는다.
처량한 높은 기둥은 그 누구의 무덤인가
넓은 사막 용퇴가 임금의 성이로다.
글만 올리고 대궐에는 가지 말라
지금은 천자가 반기지 않을 것이니.

《감상》
사신으로 가는 사람에게 그의 뛰어난 인물에 탄복해서 중국 사람들이 가볍게 여기지는
않겠지만, 임금이 사신을 업신여길 것이니 글만 올리고 굴욕적인 면회는 하지 말라는 내
용의 시이다. 당시의 정세를 알 수 없으므로 자세한 평가는 하기가 어렵다.

嘲山村學長　조산촌학장

山村學長太多威　산촌학장태다위
高着塵冠揷唾排　고착진관삽타배
大讀天皇高弟子　대독천황고제자
尊稱風憲好朋儔　존칭풍헌호붕주
每逢兀字氷衰眼　매봉올자빙쇠안
輒到巡杯籍白鬚　첩도순배적백수
一飯饗堂生色語　일반횡당생색어
今年過客盡陽州　금년과객진양주

산골 훈장을 조롱하다

산골 훈장님 위엄이 너무 많아서
낡은 관 높이 쓰고 가래침을 마구 뱉더라.
큰 소리로 천황(天皇) 읽는 아이가 제일 높은 제자요
풍헌(風憲)이라고 불러 주는 친구들도 있네.
모르는 글자 만나면 눈 어둡다는 핑계 대고
주석에서 술잔을 돌리면 백발을 빙자하고 잔 먼저 받는구나.
밥 한 사발 내 주고 생색내며 하는 말이
금년에 과객은 모두 양주(楊州: 서울) 양반이라네.

《감상》
김삿갓이 어느 시골 서당에 들렀다. 별로 학식도 교양도 없는 훈장이 무척이나 뻐기고 사
람을 경멸한다. 겨우 서당에서 밥 한 그릇을 대접하고도 너무나 생색을 내는 것이 얄미워
서 즉석에서 산골 훈장을 조롱하고자 지은 시이다.

喪配自輓 상배자만

遇何晚也別何催　우하만야별하최
未卜其欣只卜哀　미복기흔지복애
祭酒惟餘醮日釀　제주유여초일양
襲衣仍用嫁時裁　습의잉용가시재
窓前舊種小挑發　창전구종소도발
簾外新巢雙燕來　염외신소쌍연래
賢否卽從妻母門　현부즉종처모문
其言吾女德兼才　기언오녀덕겸재

아내를 장사 지내고

늦게야 만났는데 이별은 이리도 빠른고
기쁨도 맛보기 전 이별의 슬픔 맞는구나.
제사 술은 초례 때 빚은 술이요
수의는 혼례 때 입었던 옷이로다.
창 앞에 심었던 복숭아 나무에 꽃 만발하고
주렴 밖 보금자리에는 제비 한 쌍 왔도다.
그대 심성을 몰라 장모에게 물었더니
내 딸은 재덕을 겸비했다고 울먹이며 말하네.

《감상》
결혼식을 올린 신부가 신방을 채 꾸미기도 전에 죽어 버렸다. 백 년을 함께 잘 살자 하던
신랑의 슬픔은 이만저만이 아니다. 김삿갓이 이런 사연을 보고, 신랑을 대신해서 지은 시
이다. 당시 평범한 사람들의 모습이 잘 보인다.

兩班論　양반론

彼兩班此兩班　　피 양반 차 양반
班不知班何班　　반 부 지 반 하 반
朝鮮三姓其中班　조 선 삼 성 기 중 반
駕洛一邦在上班　가 락 일 방 재 상 반
來千里此月客班　내 천 리 차 월 객 반
好八字今時富班　호 팔 자 금 시 부 반
觀其兩班厭眞班　관 기 양 반 염 진 반
客班可知主人班　객 반 가 지 주 인 반

양반론

저 양반 이 양반 하고 양반 타령만 하니
반(班)이란 도대체 무슨 반(班)이 양반인지 모르겠네.
조선에서는 자고로 세 개의 성이 그 중의 양반이니
이 나라 가락 김씨가 으뜸 양반일러라.
천리 먼 길 달려왔으니 이 달에는 내가 손님 양반이요
좋은 팔자면 이 시절의 부자 양반일러라.
그따위 양반들이 진짜 양반을 몰라 보니
손님 양반이 주인 양반의 수준을 알겠도다.

《감상》
모처(某處)에서 김삿갓이 상놈 대접을 받고 분개하여 주인의 양반 행세를 모독한 시이다.
이 시의 특색은 모든 구절의 끝을 모두 반(班)자로 끝맺었다는 데 있다.

辱尹家村 욕윤가촌

東林山下春草綠 동림산하춘초록
大丑小丑揮長尾 대축소축휘장미
五月端陽愁裡過 오월단양수리과
八月秋夕亦可畏 팔월추석역가외

윤가 마을을 욕하다

동림산(東林山) 아래 봄풀이 푸르니
큰 소와 작은 소가 긴 꼬리를 휘두르더라.
오월 단오에는 잡아 먹힐까 근심 속에 지냈고
팔월 추석 또한 죽을까 봐 두렵도다.

《감상》
동림산 아래는 윤씨(尹氏)들이 많이 사는 집성촌이 있다. 김삿갓은 그 동네에 가서 걸식
을 했으나 무정하게 거절을 당했다. 때문에 성 윤(尹)자를 희롱한 것이다. 축(丑)자에 꼬
리가 붙으면 윤(尹)자가 된다.

元生員 원생원

日出猿生員 일출원생원
猫過鼠盡死 묘과서진사
黃昏蚊檐至 황혼문첨지
夜出蚤席射 야출조석사

원 생원

해가 뜨니 원숭이가 들로 기어 나오고
고양이가 지나가니 쥐가 모두 죽더라.
황혼이 되자 모기가 처마에 기어들고
밤에는 벼룩이 자리에서 나와 쏘더라.

《감상》
어느 북도 지방의 소위 지방 유지라고 하는 원 생원, 서 진사, 문 첨지, 조 석사 들의 이름
을 사용하여 재미있게 지은 시.

隱士 은사

超然遯世彼山坡　초연둔세피산파
隱映茅廬繞碧蘿　은영모로요벽라
鶴舞琴前閑自足　학무금전한자족
鶯歌簷上興偏多　앵가첨상흥편다
雲遊庵釋評詩到　운유암석평시도
電邁隣家採藥過　전매인가채약과
任我然臥聯永夏　임아연와련영하
臨風遙和紫芝歌　임풍요화자지가

숨어 사는 선비

세상 모든 것 떨치고 산 언덕에 사니
숨어 사는 움막집 담쟁이풀이 덮어 주네.
거문고 앞에 학이 춤을 추니 한가함 족하고
처마 위 앵무새 노래 흥이 넘쳐 나누나.
구름 싸인 암자 스님 시를 평하러 오고
갑자기 만난 이웃사람 약 캐러 가네.
되는 대로 누워서 긴 여름을 보내고
바람에 흔들리며 노래에 화답하네.

《감상》
산 속에 은둔해서 사는 은사의 한가롭고 넉넉한 삶을 그린 시이다. 어쩌면 방랑 생활에
지친 김삿갓도 이 같은 마음의 안식처를 원했는지도 모른다.

商山路有感

萬里路長在　만리로장재
六年今始歸　육년금시귀
所經多舊館　소경다구관
太半主人非　태반주인비 [山老]

巒裏老長在　만리로장재
粥年今始貴　육년금시귀
所經多舊冠　소경다구관
太飯主人非　태반주인비 [金笠]

상산의 길을 가며

만리 먼 길 변함 없이 뻗어 있는데
육 년 만에 이제사 돌아오네.
지나가는 곳마다 옛 여관은 그대로인데
태반은 옛 주인이 아니로다.[산 노인]

늙은이가 산 속에 오래 있으니
나이를 먹어서야 귀하게 되었도다.
지나는 곳마다 옛 의관은 많거늘
콩밥은 주인의 잘못입니다.[김삿갓]

《주》
이 시가 몹시 의심스러운 것은 노인이 읊었다고 하는 시가 중국의 백거이(白居易)가 쓴
시라는 것이다.
소위 김삿갓이 떠돌아다니며 지었다는 대부분의 시가 온전한 것이 별로 없으며, 출처가
불분명한 것 투성이다.

嘲幼冠子 조유관자

畏鳶身世銀冠蓋　외연신세은관개
何人咳嗽吐棗仁　하인해수토조인
若似每人皆如此　약사매인개여차
一腹可生五六人　일복가생오륙인

갓 쓴 꼬마 신랑을 조롱하다

솔개에 채일까 큰 갓 밑에 숨었구나
누가 뱉어 낸 대추씨같이 작구나.
만일에 모든 사람이 이같이 작다면
한 어머니 배에서 대여섯은 나겠구나.

《감상》
어린 꼬마 신랑이 큰 갓을 쓰고 다니는 것이 너무나 우스워서 지은 시이다.

嘲地師 조지사

可笑龍山林處士 가소용산임처사
暮年何學李淳風 모년하학이순풍
雙眸能貫千峰脈 쌍모능관천봉맥
兩足徒行萬壑空 양족도행만학공
顯顯天文猶未達 현현천문유미달
漠漠地理豈能通 막막지리기능통
不如歸飮重陽酒 불여귀음중양주
醉抱瘦妻明月中 취포수처명월중

풍수쟁이를 조롱함

가소롭소 용산 사는 임 처사야
늘그막에 왜 풍수학을 배워서,
두 눈으로 온갖 산맥 꿰뚫어보고
두 발로 높은 산을 걸어 헤매는가.
훤히 보이는 천문도 통달 못한 주제에
아득한 지리를 어찌 알리오.
집에 돌아가 중양 술 실컷 마시고
여윈 아내 달 밝은 밤에 안아 주는 것만 못하지.

《감상》
풍수 노릇을 하는 임 처사에게 장난삼아 쓴 시이다.

盡日垂頭客 진일수두객

唐鞋崇襪數斤綿　당혜숭말수근면
踏盡淸霜赴暮煙　답진청상부모연
淺綠周衣長曳地　천록주의장예지
眞紅唐扇半遮天　진홍당선반차천
詩讀一拳能言律　시독일권능언율
材盡千金尙用錢　재진천금상용전
注文盡日垂頭客　주문진일수두객
若對鄕人意氣全　약대향인의기전

종일 머리 숙여 드나든 손님

당혜에 버선을 두어 벌 끼어 신고
아침 이슬 밟고 나가면 저물어 돌아오더라.
푸른색 두루마기는 길어서 땅에 끌리고
붉은 색 부채는 반만 펴도 하늘을 가리네.
시 한 권 읽은 주제에 율을 다 아는 체하고
천금 재물 탕진하고도 오히려 돈을 더 쓰더라.
권세 있는 집 문전에서 종일 고개 조아리면서
고향 사람 만나면 자기도 양반인 척 의기가 만장이구나.

《감상》
종일토록 양반 집 대문을 드나드는 손님들을 묘사한 시다. 외식과 체면을 중시하던 당시
풍습을 간단하면서도 정확하게 잘 그렸다.

惰婦 타부 1

事積如山意自寬　사적야산의자관
閨中日月過無關　규중일월과무관
曉困常云冬夜短　효곤상운동야단
依薄還道夏風寒　의박환도하풍한
織將至暮難盈尺　직장지모난영척
食每過朝始洗盤　삭매과조시세반
時時逢被家君怒　시시봉피가군노
謾打啼兒語萬端　만타제아어만단

게으른 아낙네 1

할 일이 산(山) 같아도 마음은 스스로 느긋해서
집 안에서 일 없이 세월만 보낸다.
새벽잠이 곤하면 항상 겨울 밤이 짧다 하고
옷이 얇아 여름 바람도 춥다고 한다.
베를 짜도 해가 지도록 한 자도 못 짜고
아침 상은 한나절이 지나서야 차리도다.
때때로 남편의 노한 꾸지람을 들으면
부질없이 아이를 때리면서 갖은 푸념 다 하도다.

《감상》
바람같이 떠도는 김삿갓이 바라는 것은 너무나 작은 것이다. 그에게는 한 끼의 밥과 하룻밤 이슬을 피할 조촐한 잠자리만 있으면 족하다. 그러나 세상은 야박해서 언제고 그에게 그 작은 소망을 쉬 들어 주지 않았다. 밥을 주는 것은 아낙들이었다. 그들 중에는 너무나 심통 사나운 사람도 있었으리라. 김삿갓을 울리는 것은 항상 그런 여인이었다. 화가 난 그는 그럴 때마다, 시 한 수로 마음을 달랬다. 여인을 욕한 시가 많은 것도 그래서이다.

惰婦 타부 2

無病無憂洗浴稀　무병무우세욕희
十年猶着嫁時衣　십년유착가시의
乳蓮褓兒謀午睡　유련보아모오수
手拾裙虱愛簷暉　수습군슬애첨휘
動身便碎廚中器　동신변쇄주중기
搔手愁看壁上機　소수수간벽상기
忽聞隣家神賽慰　홀문인가신새위
柴門半掩走如飛　시문반엄주여비

게으른 아낙네 2

병 없고 걱정 없는데 목욕도 자주 안 해
십여 년 간 입은 옷은 시집 올 때 입은 옷
아기 젖 먹인다고 핑계대고 물린 채로 낮잠 자고
이 잡느라 치마 걷어들고 햇볕 드는 처마로 나왔네
움직였다 하면 부엌의 그릇을 깨뜨리고
베틀 바라보며 머리만 긁적긁적
이웃집에서 굿하는 소리를 들으면
사립문 반만 닫고 날듯이 달려가네.

《감상》
여자는 바람 앞에 선 한 송이 도라지꽃처럼 가냘픈 데가 있어야 남자의 마음을 끄는 매력
이 있다. 이 여자는 병도 없고 걱정 근심도 없고 목욕도 안 하니 여자다운 매력이라곤 전
혀 없다. 여자의 흠을 모두 나열해 놓은 이 시를 읽어 보면 시대의 변천에 따라 여성의 지
위와 가치관이 많이 달라졌다는 것을 알 수 있다.

惰婦 타부 3

惰婦夜摘葉　타부야적엽
纔成粥一器　재성죽일기
廚間暗食聲　주간암식정
山鳥善形容　산조선형용

게으른 아낙네 3

게으른 아낙 밤에 나물을 캐서
겨우 죽 한 그릇을 끓였구나.
부엌에서 가만히 죽 떠 먹는 소리
산새가 푸더덕 나는 소리.

《 감상 》
어느 집에서 잠을 잤는데, 아침이 되어도 밥을 주지 않는다. 알고 보니 주인 여자가 죽을
끓여서 혼자 부엌에서 몰래 먹고 있다. 뜨거운 죽을 먹는 소리가 마치 새들이 '푸더덕' 나
는 소리 같은 것을 풍자한 것이다.

제4장
방방곡곡

함경도 咸關嶺(함관령) 외 33수

咸關嶺 함관령 (함경도)

四月咸關嶺　사월함관령
北靑郡守寒　북청군수한
杜鵑今始發　두견금시발
春亦上山難　춘역상산난

함관령

사월에도 함관령에는 봄이 늦어서
북청 군수가 떨고 있구나.
두견 꽃(진달래)이 이제야 피기 시작하니
봄도 산이 높아 오르기 어려워서일리라.

《감상》
함경도 지방은 산이 높아 봄도 늦게 온다. 사월에 진달래가 겨우 피기 시작하는 것을 봐
도 알 수 있다.

吉州 길주

吉州吉州不吉州 길주길주불길주
許可許可不許可 허가허가불허가
明川明川人不明 명천명천인불명
漁佃漁佃食無魚 어전어전식무어

길주

고을 이름을 '吉州(길주), 吉州'하지만 길(吉)한 고을은 아니고
'허가(許可), 許可' 하지만 '許可'는 아니 하네.
'명천(明川), 明川' 하지만 사람은 밝지 못하고
'어전(漁佃), 漁佃' 하지만 고기 먹는 집은 없구나.

《감상》
함경도 길주에는 허씨가 많이 산다. 고을 이름은 행운의 마을이라 길주(吉州)인데 인심이
야박해서 좋은 마을이 못 되고 성씨는 허가인데 침식 허락하지 않네. 좋은 지명과 좋은
성씨를 가지고도 고약한 인심을 풍자한 시이다.

過安岳城 과안악성

安岳城中欲暮天　안악성중욕모천
關西孺子聳詩肩　관서유자용시견
村風厭客遲炊飯　촌풍염객지취반
店俗慣人但索錢　점속관인단색전
虛腸曳來頻有響　허장예래빈유향
破窓透冷更無穿　파창투냉갱무천
朝來一吸江山氣　조래일흡강산기
試問人間襞穀仙　시문인간벽곡선

안악성을 지나며

안악성 안에 해 저물어 가는데
관서 선비 글 자랑에 어깨만 으쓱대네.
마을 풍속 나그네를 꺼려 밥 줄 생각도 하지 않고
주막 풍속 야박해 돈부터 내라 하네.
빈 창자에 쪼르륵 소리 자주 나고
부서진 창으로 냉기가 스며든다.
아침 되면 강산 정기 흠뻑 마시고
나를 신선으로 아나 물어 보리라.

《감상》
못난 것들 글 자랑에 으스대고, 마을 사람들은 손님 대접 야박하다. 굶고 추운 방에서 자고 나서도 시인은 호탕한 웃음을 터뜨린다. 아침 되면 강산 정기 마시고, 신선이 여기 있다고 하리라.

明沙十里 명사십리

可憐江南望 가련강남망
明沙十里連 명사십리연
令人個個拾 영인개개습
基數父母年 기수부모년

명사 십리

강남을 애틋하게 바라봄이여
고운 모래가 십리나 이어져 있구나.
사람으로 하여금 모래알을 하나하나 주워다 놓고
부모님 수(壽)를 그만큼 누리게 하소서.

《감상》
명사 십리 모래를 줍는 대로 부모님 수명이 된다. 사람마다 모래를 많이 주워서 효자 효녀가 되고자 한다.
명사 십리는 원산 명사 십리라고 짐작할 뿐이다. 전국에 명사 십리라는 이름은 많이 있다. 위 구절 가운데 '可憐江南望(가련강남망)'은 당(唐)나라 송지문(宋之問)이 지은 '도중한식(途中寒食)'에 나온다.
아마도 김삿갓이 이 구절을 슬쩍 끼워 넣어 자기가 지은 것처럼 한 것이다.

樂民樓 낙민루

宣化堂上宣火黨　선화당상선화당
樂民樓下落民淚　낙민루하낙민루
咸境道民咸驚逃　함경도민함경도
趙岐泳家兆岐永　조기영가조기영

낙민루

선정을 펴야 할 관청에서 화적 같은 정사를 하니
낙민루 아래에서 백성 눈물 떨어지네.
함경도 백성 모두 놀라 도망가니
조기영 관찰사가 어찌 오래 가기 바라리오.

《감상》
선화당(宣化堂) : 선정을 베푸는 집
선화당(宣火黨) : 화적 같은 도적 떼
낙민루(樂民樓) : 백성들이 즐거운 집
낙민루(落民淚) : 백성들이 흘리는 눈물
조기영(趙岐泳) : 당시 함경도 관찰사
조기영(兆岐永) : 어찌 오래 가겠는가

관찰사가 집무 보는 관아를 '선화당(宣化堂)'이라 한다.
매 구절마다 같은 음을 써서 함경도 관찰사 조기영의 폭정을 비난하였다.

九天閣 구천각

人等樓閣臨九天 인등루각임구천
馬渡長橋踏萬歲 마도장교답만세
山疑野狹遠遠立 산의야협원원립
水畏舟行淺淺流 수외주행천천류
山勢龍盤虎距形 산세룡반호거형
樓閣鸞飛鳳翼勢 누각난비봉익세
(以下 缺句)

함흥 구천각

누각(樓閣)에 오르니 구천 하늘에 닿은 듯하고
말 타고 긴 다리를 건너니 만세교(萬歲橋)를 밟는구나.
산은 들이 좁을까 의심하여 멀리멀리 나누어 섰고
물은 배가 다닐까 두려워 낮게낮게 흐르더라.
산세는 용이 서리고 범이 도사린 형상이고
누각은 난(鸞)새가 날고 봉이 날개를 편 형세일세.
(이하 결구)

《감상》
구천각은 누각이 하늘에 닿을 듯이 높다는 데서 생긴 이름이다. 과연 누각 위에서 살펴보
니 저 멀리 굽이굽이 흘러가는 성천강과 그 강에 놓인 만세교는 말할 수 없을 정도로 아
름답다. 만세교는 함흥시를 흐르는 성천강의 다리이다. 盤龍山(반룡산)과 樂民樓(낙민루)
아래에 있다. 150여 간의 긴 다리는 볼수록 장관일 뿐 아니라, 누각 역시 난새가 날아가
는 듯 봉황이 날아가는 듯 운치 있게 만들어졌다. 특히 이 시에서는 구천을 '구천각'으로
도 '높은 하늘'로도 해석할 수 있고, 만세를 '만세교' 혹은 오랫동안으로 해석할 수 있도록
지은 것이 놀랍다. 즉, 사람이 누각에 오르니 하늘에 다다랐고 말을 타고 긴 다리를 건너
니 만세토록 밟더라라는 식이다.

妙香山詩 묘향산시

平生所慾者何求 평생소욕자하구
每擬妙香山一遊 매의묘향산일유
山疊疊千峰萬仞 산첩첩천봉만인
路層層十步九休 노층층십보구휴

묘향산 시

평생에 하고픈 욕망이 무엇인가
언젠가 한 번 묘향산에서 유람하는 것이었노라.
산은 첩첩 천 봉우리 모두가 만 길에
길은 층층이 험해서 열 걸음에 아홉 번은 쉰다더라.

《감상》
평소에 늘 한 번 가 보고 싶었던 묘향산에 다다르니 첩첩이 싸인 산은 절경의 극치를 이
루었고, 가파른 산길은 험해서 10 걸음에 9 번은 쉬어야 할 정도다.
묘향산 높이는 1.909m로 매우 높다.

安邊老姑峰過次吟　안변노고봉과차음

葉落瘦容雪滿頭　엽락수용설만두
勢如天撐屹然浮　세여천탱흘연부
餘峰羅立兒孩似　여봉라립아해사
或子中間仙鶴遊　혹자중간선학유

안변 노고봉을 지나며

낙엽 져 파리한데 흰 눈마저 산머리 덮고
산세는 하늘을 찌를 듯이 높이 솟았는데
늘어선 다른 봉우리들은 마치 아이들 같도다.
그 가운데 어느 봉에 신선과 학이 사는가

《감상》
안변 노고봉을 보고 그 높고 웅장한 산세를 노래한 글이다.
다른 봉우리들은 노고봉에 비하면 어린아이들 같다고 표현하였다.

安邊飄然亭 안변표연정 1

飄然亭子出長提　표연정자출장제
鶴去樓空鳥獨啼　학거루공조독제
十里煙霞橋上下　십리연하교상하
一天風月水東西　일천풍월수동서
神仙踪跡雲過杳　신선종적운과묘
遠客襟懷歲暮幽　원객금회세모유
羽化門全無問處　우화문전무문처
蓬萊消息夢中迷　봉래소식몽중미

안변 표연정 1

긴 방죽 끝에 표연히 솟아 있는 정자
선학(仙鶴)이 가 버린 텅 빈 누각에 잡새들만 우지짖네.
십 리 뻗은 안개는 다리 아래위로 자욱하고
하늘 아래 풍경은 강물 따라 동서로 흐르네.
신선이 가신 종적 구름에 가려 묘연하고
멀리서 온 나그네 회포, 해 저무니 애달프다.
신선 떠난 문 앞에 물어 볼 곳 없으니
봉래산 그 소식은 꿈에선들 어이 알리.

《감상》
표연정이라는 정자의 이름은 먼 옛날 신선이 놀다가 어느 날 학을 타고 하늘로 바람처럼
가볍게 날아가 버린 곳이라는 뜻으로 지었다고 한다. 따라서 첫 구절은 '표연 정자가 솟
아 있구나'가 아니라 '표연히 정자가 솟아 있구나'로 해야 할 것이다.

安邊飄然亭 안변표연정 2

一城踏罷有高樓　일성답파유고루
覓酒題詩問幾流　멱주제시문기류
古木多情黃鳥至　고목다정황조지
大江無恙白鷗飛　대강무양백구비
英雄渦去風煙盡　영웅와거풍연진
客子登臨歲月悠　객자등림세월유
宿債關東猶未了　숙채관동유미료
慾隨征雁下長州　욕수정안하장주

안변 표연정 2

성을 한 바퀴 돌아보니 높은 누각 있네.
술 찾고 시 쓰는 나그네는 강줄기를 묻나니
고목은 정이 많아 앵무새 찾아들고
강물은 무심히 흐르고 백구가 나는구나.
영웅이 지나가니 온 천지 조용하고
나그네 누각 오르니 세월은 유구하네.
아직도 관동 지방 구경을 다 못 했는데
기러기 가는 곳 따라 '장주' 땅에 가 볼거나.

《감상》
김삿갓 시의 묘미는 대구를 절묘하게 짓는 데 있다. 여기서도 "古木多情黃鳥至(고목
다정황조지) 大江無恙白鷗飛(대강무양백구비)"를 잘 음미하면 너무나 절묘한 표
현에 그저 감탄할 뿐이다. 관동 땅을 두루 구경하고 싶은 마음 간절한데도 기러기 날아가
는 곳 따라 '장주'로 가 보겠다는 그의 마음, 물 따라 바람 따라 아무것에도 막힘 없고 거
리낌 없는 유유자적한 그의 마음이 아닐까.

登百祥樓 등백상루

淸川江上百祥樓　청천강상백상루
萬景森羅未易收　만경삼라미이수
錦屛影裏飛孤鶩　금병영리비고목
玉鏡光中點小舟　옥경광중점소주
草偃長堤靑一面　초언장제청일면
天低列峀碧千頭　천저열수벽천두
不信人間仙境在　불신인간선경재
密城今日見羸州　밀성금일견리주

백상루에 올라

청천강 위에 있는 백상루 앞에
온갖 경치 펼쳐져 감추기 쉽지 않네.
비단 병풍 그림자 속 외로운 따오기
옥 거울 빛 속에 작은 배만 떠 있네.
긴 강둑 짙은 풀 푸르른 한 면이요
하늘 아래 산마루 봉마다 푸르네.
인간 세상 선경을 믿지도 않았는데
밀성(안주성)에 오늘 와서 선경을 보았노라.

《감상》
안주 청천강 가에 있는 백상루에 올라 주변의 아름다운 경치에 도취되어 지은 글이다. 인
간 세상에 신선이 산다는 말을 믿지 않았는데 여기 와서 비로소 그것이 잘못된 것임을 알
았다는 표현으로 백상루 부근의 절경을 표현한 점들이 놀랍다.

平壤 평양

千里平壤十里於 천리평양십리어
大蛇當道人皆也 대사당도인개야
落日練光亭下水 낙일연광정하수
白鷗無恙去來乎 백구무양거래호

평양

천리 되는 평양이 십리나 늘어섰고
큰 뱀인가 했더니 모두가 사람일세.
해 저무는 연광정 아래 강물에
백구만 무심히 오가는구나.

《감상》
평양에 다다른 시인이 담담하게 평양을 묘사하고 있다. 특히 주목할 점은 於(어조사 어)
와 也(이끼 야)자를 묘하게 구사했다는 것이다.

大同江上 대동강상

大同江上仙舟泛　대동강상선주범
吹笛歌聲泳遠風　취적가성영원풍
客子停驂聞不樂　객자정참문불락
蒼梧山色暮雲中　창오산색모운중

대동강에서

대동강에 떠 있는 무수한 놀잇배들
피리 소리 노랫소리 먼 바람결에 들려오네.
나그네 말 멈추고 듣는 마음 서러운데
창오산 모습이 구름 속에 저물어 가네.

《감상》
저물어 가는 대동강은 더 할 나위 없을 정도로 아름답다. 강 위에 뜬 놀잇배에서는 즐거운 소리가 들려온다. 그러나 아무도 반겨 주는 사람 없는 나그네의 마음은 쓸쓸하고 서럽기만 하다.

大同江練光亭 대동강연광정

截然乎吃立高門 절연호흘입고문
碧萬頃蒼波直飜 벽만경창파직번
一斗酒三春過客 일두주삼춘과객
千絲柳十里江村 천사유십리강촌
孤丹鶩帶來霞色 고단목대래하색
雙白鷗飛去雪痕 쌍백구비거설흔
波上之亭亭上我 파상지정정상아
坐初更夜月黃昏 좌초경야월황혼

대동강 연광정에서

깎아지른 절벽 위에 연광정 문 높다랗고
만경창파(萬頃蒼波) 대동강에 푸르른 물결 출렁이네.
지나는 나그네는 한 말 술에 취했는데
능라도 마을에는 수양버들 늘어졌네.
외로운 붉은 따오기는 너울 속을 날아 오고
쌍쌍이 백구는 날리는 눈송이처럼 날아가더라.
물결 위에 정자(亭子) 있고 정자 위에는 내가 있으니
황혼이 지나고 달 뜨는 밤까지도 떠나지를 못하도다.

《 감상 》
십리 강촌(十里 江村) : 능라도(綾羅島) 가의 마을.
대동강의 연광정은 경치가 좋기로 유명한 곳이다. 정자에 올라 밤이 깊어 가는 줄도 모르
고 대동강을 굽어보는 김삿갓의 모습이 눈에 보이는 듯하다.

九月山 구월산

昨年九月過九月 작년구월과구월
今年九月過九月 금년구월과구월
年年九月過九月 연년구월과구월
九月山光長九月 구월산광장구월

구월산에서

작년 구월에도 구월산(九月山)을 지나고
금년 구월에도 구월산(九月山)을 지난다.
해마다 구월에 구월산(九月山)을 지나는데
구월산(九月山) 경치는 언제나 구월(九月)이더라.

《감상》
구월산의 '구월'과 계절의 '구월'을 묘하게 조화시켜 재미있게 꾸민 시이다.

長州行　장주행

英雄過去風雲盡　영웅과거풍운진
客子登臨歲月悠　객자등림세월유
宿債關東猶未了　숙채관동유미료
欲隨征雁下長州　욕수정안하장주

장주로 가며

영웅들 모두 가고 난세도 끝이 나고
나그네는 누각 위에 한가롭게 앉았네.
관동 지방 아직 돌아보지 못한 채
기러기 가는 곳 따라 장주로 가 볼거나.

《감상》
바람 부는 대로 물결 이는 대로 정처 없이 방랑하는 김삿갓에게는 일정한 행선지가 없다.
관동 지방을 구경할까 하다가 마음이 바뀌어서 기러기 가는 방향으로 발길을 돌려 장주
로 간다. 실로 거리낌 없는 자유를 만끽한다.

過廣灘 과광탄

幾年短杖謾徘徊　기년단장만배회
愁外鄕山夢裏回　수외향산몽리회
憂國空題王粲賦　우국공제왕찬부
逢時虛老賈誼才　봉시허로가의재
風吹落葉三更急　풍취낙엽삼경급
月搗寒衣萬戶催　월도한의만호최
齷齪生涯何足歎　악착생애하족탄
携盃更上鳳凰臺　휴배갱상봉황대

광탄을 지나며

짧은 지팡이 하나에 의지하고 몇 해를 방황했던가.
수심 끝에 잠이 들면 고향 산천을 꿈속에 돌아드네.
왕찬은 헛되이 나라 걱정하는 賦(부)를 쓰고
재주 펴지 못한 가도(賈島)의 재주가 덧없이 늙는구나.
바람 불어 낙엽 지니 밤은 더 깊어만 가고
달밤에 다듬이질하는 소리 집집마다 울리네.
악착스러웠던 인생을 한탄한들 무엇하리
술잔 들고 거듭 봉화대(烽火臺)에 오르도다.

《감상》
가을은 깊어만 가는데 지팡이 하나에 의지하고 방황한 지 그 몇 해였던가. 나라 걱정하던
'왕찬'도, 재주 한 번 펴 보지 못하고 늙어 간 '가생'도 모두 부질없는 한바탕 꿈에 지나지
않는다. 악착같은 인생 한탄한들 무엇하리, 차라리 봉황대에 올라 술이나 한잔 더 하리.'

新溪吟 신계음

一任東風鷰子斜 일임동풍연자사
棠梨樹下訪君家 당리수하방군가
君家春盡飛將去 군가춘진비장거
留待棠梨後歲花 유대당리후세화

신계에서

불어 오는 봄바람 따라 제비 날아와
팥배나무 밑 그대 집을 다시 찾아 왔도다.
봄 가고 그대 또 집을 떠나 날아가면
팥배나무 꽃 피는 다음 봄을 기다리리.

《감상》
봄이 오면 날아오고 봄이 가면 날아가 버리는 제비를 보며, 정처 없이 방황하는 자신의
신세와 비교해 보며 지은 시이다.

過松都 과송도

秋風匹馬老送身	추풍필마노송신
方若行人衣微寒	방약행인의미한
流水只今鳴間曲	유수지금명간곡
浮雲衣舊鑠峰巒	부운의구쇄봉만
千年城廓夕陽外	천년성곽석양외
一代衣冠春夢間	일대의관춘몽간
五百興亡何處問	오백흥망하처문
月臺無得野花斑	월대무득야화반

송도를 지나며

가을바람에 한 필의 말을 타고 떠도는 이 몸
날씨는 점점 추워 오는데 나그네의 옷이 너무 얇도다.
흐르는 물도 지금 소리 맞춰 노래하고
뜬 구름은 누더기처럼 산봉우리에 걸려 있네.
오래 된 천년 성곽 석양에 설핏한데
한때 의관은 꿈속의 일이던가.
오백 년 왕조 흥망 어디 가서 물어 보나
만월대 빈터에는 들꽃만 피어 있구나.

《감상》
소슬한 가을바람이 불 때 고려 왕조 500년의 영화를 누렸던 만월대를 찾았다. 번성했던
왕조의 옛 성터를 보고 인생의 허무함을 느낀다.

開城 개성

故國江山立馬愁　고국강산입마수
半千王業空一邱　반천왕업공일구
煙生廢墻寒鴉夕　연생폐장한아석
落葉荒台白雁秋　낙엽황태백안추
石狗年深難轉舌　석구연심난전설
銅台陁滅但垂頭　동태타멸단수두
周觀別有傷心處　주관별유상심처
善竹橋川泅不流　선죽교천인불류

개성에서

옛 강산에 말 멈추니 시름은 끝이 없는데
반 천년 왕업이 빈 언덕만 남았구나.
무너진 담장에 연기 이는데 까마귀 우는 저녁이네
낙엽 지고 이끼 서려 흰 기러기 날아가는 가을이라.
석구(石狗)는 해가 가도 사연을 말 못 하고
구리로 만든 대는 허물어져 머리를 숙였도다.
둘러 보니 여기는 가슴 아픈 곳이네
선죽교 개울 물 목 메어 흐르지를 못하는구나.

《감상》
고려조의 서울이었던 개성을 둘러보니 그 옛날 화려했던 면모는 어디로 가고 쓸쓸한
폐허로 남아 있다. 돌로 세운 짐승들은 많은 세월이 흘러도 말이 없고, 모두가 허물어져
폐허로 변했다. 특히 나그네의 가슴을 아프게 만드는 것은 선죽교의 비참한 고사다.

過長端 과장단

對酒慾歌無故人　대주욕가무고인
一聲黃鳥獨傷神　일성황조독상신
過江柳絮晴獨電　과강류서청독전
入峽梅花香如春　입협매화향여춘
地接關河來往路　지접관하내왕로
日添車馬迎送塵　일첨거마영송진
臨津關外萋萋草　임진관외처처초
管得羈愁百種新　관득기수백종신

경기 장단 읍을 지나며

술 마시며 노래 부르려 하나 옛 친구들은 간 데 없고
꾀꼬리만 홀로 이 마음을 상하게 하도다.
강 가의 버들가지는 개인 날에 홀로 싱그럽고
산골짝에 들어서니 매화(梅花) 향기는 봄 같도다,
이 곳 땅은 관문(關門)의 나루를 오가는 길목이며
날마다 보내고 맞는 우마차의 먼지가 더하더라.
'임진관(臨津館)' 밖에 우거진 풀밭은
나그네의 많은 시름을 새롭게 하더라.

《감상》
경기도 장단 땅은 황진이의 무덤이 있다는 곳이다. 풍류 여인 황진이의 무덤을 찾아 장단
땅을 찾아갔으나 끝내 찾지 못하고 홀로 술을 마신다. 화창한 날씨에 강 건너 수양버들,
오가는 말 수레로 먼지가 자욱하나, 황진이의 무덤이 있다는 임진나루 밖에는 무성한 잡
초만 무성하다. 아름다운 황진이와 덧없는 인생을 생각하니 온갖 시름만 더해질 뿐이다.

向金剛山 향금강산

我向靑山去 아향청산거
綠水爾何來 녹수이하래

금강산을 향하여 가며

나는 청산을 찾아가는데
녹수야 너는 어디서 오느냐.

登文星岩 등문성암

削立岩千疊　삭립암천첩
平鋪海一杯　평포해일배
林深鳥語鬧　임심조어료
日暮棹歌回　일모도가회
欲覓任公釣　욕멱임공조
留看學士臺　유간학사대
酷憐山水樂　혹련산수락
待月久徘徊　대월구배회

문성암에 올라

문성암에 오르니 깎아지른 바위는 천 겹이요
평평하고 너른 바다가 잔 속의 술처럼 작아 보인다
숲이 울창하니 새소리 요란하고
날이 저물자 돌아오는 어부의 노랫소리.
임공이 낚시질하던 곳은 어디 쯤인가
학사대에 올라가서 찾아봤노라.
산수를 사랑하던 그의 마음 지극해
달 뜨기를 기다려 오래도록 배회하도다.

《 감상 》
任公(임공) : 송나라 때 사람 임호련(任鎬連), 속세를 피해 낚시질로 세월을 보냈다.

一見金剛山　일견금강산

願生高麗國　원생고려국
一見金剛山　일견금강산
我向靑山去　아향청산거
綠水邇來何　녹수이래하

금강산을 한번 보고

원컨대 고려국에 태어나서
금강산을 한번 구경해 봤으면
나는 청산을 찾아가는데
녹수야 너는 어디서 오느냐

《감상》
이 시의 전반부는 소식의 작품이다. 전반부와 후반부는 시간과 공간의 설정이 다르다.
소식의 시를 읊으면서 금강산으로 가다가 녹수를 만나는 장면일까?
김삿갓은 이렇듯 남의 시 구절을 끌어다 쓰거나 표절하는 데 명수였다.

問僧 문승

僧乎汝在何山寺　승호여재하산사
龍在鷄龍上上阿　용재계룡상상아
昔聞鷄龍今見汝　석문계룡금견여
景物風光近如何　경물풍광근여하

스님에게 묻다

스님께 묻노니 어느 절에 계시는지
계룡사 상상봉에 계시다고 하는구나.
예전에 듣던 계룡산 오늘 보니
경치와 풍광이 근래는 어떠한고.

《감상》
지나가는 스님에게 묻는다. 어느 절에 계시는지. 혹시 계룡산을 아시는지. 다행스럽게도
계룡산 스님이다. 요즘 계룡산 경치는 어떻게 변했는지, 가시는 길 함께 가는 것이 어떻
겠는지요.

馬島 마도

故人吟望雪連天　고인음망설련천
別後梅花又一年　별후매화우일년
快士暫遊仍出塞　쾌사잠유잉출색
冷官多曠不求田　냉관다광불구전
山川重閱龍彎路　산천중열용만로
禍盡裁歸馬島船　화진상귀마도선
城外未將壺酒餞　성외미장호주전
此詩難寫意茫然　차시난사의망연

서산 마도에서

벗 생각에 시를 읊으니 하늘에서 눈 내리네.
이별한 지 일년 만에 매화 다시 피었구나.
잠시 놀던 쾌활한 친구 변방으로 가 버리고
관청에 냉담하여 농사 지을 사람 없네.
산천은 임금님 피난 갔던 길이요
난이 끝나고 겨우 돌아온 곳도 마도의 뱃길이라.
성 밖에서 술과 함께 송별을 못했으니
생각마저 멍하여 시도 쓰기 어려워라.

《감상》
친구를 찾아 마도에 갔더니 그는 변방으로 가 버리고 없다. 쓸쓸한 마음 달랠 길 없어　시
한 수 읊으려 하니 하늘에서 눈이 내린다. 친구가 간 곳은 그 옛날 임금님이 옛날 피난 갔
던 그 길이고, 김삿갓이 온 곳은 마도의 뱃길이다. 떠나간 친구를 송별 못 했으니 마음이
허전하다.

嶺南述懷　영남술회

超超獨倚望鄕臺　초초독의망향대
强壓羈水快眼開　강압기수쾌안개
與月經營觀海去　여월경영관해거
乘花消息入山來　승화소식입산래
長遊宇宙餘雙屐　장유우주여쌍극
盡數英雄又一杯　진수영웅우일배
南國風光非我土　남국풍광비아토
不如歸對漢濱梅　불여귀대한빈매

영남에서의 감회

높고 높은 망향대에 홀로 기대어 서서
시름을 누르고 눈 크게 뜨고 사방을 살피네.
달 뜨자 영문 지나 바다 보러 나갔다가
꽃 소식 듣고 다시 산 속으로 왔네.
오래 떠돌다 보니 세상에 신 한 켤레 남았네.
앞서 간 인걸들을 생각하고 한잔 술 다시 드네
남쪽 나라 경치가 아무리 좋아도 내 고향 아니네
고향에 돌아가 한강 가의 매화가 보고 싶구나.

《 감상 》
아무리 영남 땅의 경치가 좋아도 물 설고 산 설은 타향이다. 객지를 방황하는, 나그네 가슴에는 늘 고향의 향수가 서려 있다. 망향대에 홀로 올라가 자신의 운명을 생각하며 읊은 시이다.

矗石樓 촉석루

燕趙悲歌士　연조비가사
相逢矗石樓　상봉촉석루
寒烟凝短堞　한연응단첩
落葉下長州　낙엽하장주
素志違黃券　소지위황권
同心已白頭　동심이백두
明祖南海去　명조남해거
江月五更秋　강월오경추

촉석루에서

연·조의 슬픈 노래 부르는 선비
진주의 촉석루에서 다시 만났네.
차가운 안개는 성가퀴에 아롱지고
낙엽은 긴 모래밭에 떨어지누나.
본래의 뜻은 서책과 어긋나고
한결같은 마음은 벌써 백발이 되었네.
그대는 내일 아침 남해로 떠나가리
강물에 달을 보니 벌써 새벽 가을이네.

《감상》
우연히 주막에서 우국지사를 만났다. 서로가 품고 있는 뜻은 다르지만 정처 없이 방랑하는 심정은 역시 다를 바가 없다. 마음을 열고 서러운 타향살이 이야기의 꽃을 피웠지만 날이 새면 다시 헤어져야 하는 운명이다. 어디까지 흘러가야 할 인생길인가.

元堂里 원당리

晉州元堂里 진주원당리
過客夕飯乞 과객석반걸
奴出無人云 노출무인운
兒來有故曰 아래유고왈
朝鮮國中初 조선국중초
慶尙道內一 경상도내일
禮義我東方 예의아동방
世上人心不 세상인심불

원당리에서

진주 원당리에서
나그네가 저녁 밥을 구걸하였더니
종놈은 나와서 사람이 없다 하고
아이는 나와서 사연이 있다 하네.
이런 일은 조선 땅에서 처음이고,
경상도에서도 이 곳 한 군데뿐이로다.
예의지국 우리나라에서
이런 일은 세상 인심이 아니로다.

《감상》
야박한 인심은 나그네를 슬프게 만든다.

仙人畵像 선인 화상

龍面活手妙傳神	용면활수묘전신
玉斧銀刀別樣人	옥부은도별양인
萬里浮雲長憩處	만리부운장게처
九天明月遠會辰	구천명월원회진
庶幾玄圃乘鸞跡	서기현포승란적
太半靑城幻鶴身	태반정성환학신
我慾相隨延佇立	아욕상수연저립
訝君巾履淡非眞	아군건리담비진

신선의 얼굴

용면의 조각 솜씨 신묘함을 전해서
옥도끼 은칼로 깎아서 별난 사람 새겼네.
만리 뜬 구름 속은 이 신선이 오래 쉬는 곳
하늘의 밝은 달도 이 신선이 노는 곳이라네.
몇 번이나 현포에서 난새를 탔으며
얼마나 청성에서 학을 타고 갔던가
나도 그대 따르고자 기다리고 있으나
신발 끄는 소리만 들릴 뿐, 그대 만날 수가 없구나

《감상》
김병연이 석굴암에 들렀다. 신선 모습을 그린 그림을 보면서 자기도 신선이 되어 이들과
함께 어울렸으면 하는 마음을 시로 나타내었다.

登廣寒樓 등광한루

南國風光盡此樓　남국풍광진차루
龍城之下鵲橋頭　용성지하작교두
江空急雨無端過　강공급우무단과
野闊餘雲不矜收　야활여운불긍수
千里筇鞋孤客到　천리공혜고객도
四時笳鼓衆仙遊　사시가고중선유
銀河一脈連蓬島　은하일맥연봉도
未必靈區入海求　미필령구입해구

광한루에 올라

남녘의 풍광은 이 광한루에 다 모였으니
용성(龍城) 아래 오작교가 시작되누나.
강물 위로 소나기는 휩쓸고 지나가고
넓은 들에 구름만 점점이 늘 떠 있더라.
천리 길을 죽장 망혜에 의지하여 외로운 길손이 찾아오니
사시사철 피리 소리 신선들이 놀더라.
은하수 한 줄기가 봉래도(蓬萊島)와 닿아 있으니
신선을 어찌 꼭 바다에서만 구하랴.

《감상》
천리 길 걸어서 남원 광한루에 다다랐다. 삼남 지방의 절경은 바로 광한루에서 그 극을
다한 듯하다. 사시사철 풍류객들이 노는 장고 소리와 피리 소리가 그치지 않는다. 바로
이 곳이 신선들이 산다는 봉래도가 아닌가, 굳이 바다 속에 들어가서 신선이 사는 곳을
찾을 필요가 없겠다.

過寶林寺 과보림사

窮達在天豈易求 궁달재천기이구
從吾所好任悠悠 종오소호임유유
家鄕北望雲千里 가향북망운천리
身勢南遊海一漚 신세남유해일구
掃去愁城盃作箒 소거수성배작추
釣來詩句月爲鉤 조래시구월위구
寶林看盡龍泉又 보림간진용천우
物外閑跡共比丘 불외한적공비구

보림사를 지나며

빈궁(貧窮)은 하늘에 달렸으니 어찌 뜻대로만 되리요.
내가 좋아하는 것 따라 느긋하게 살리라.
고향을 찾아 북쪽 하늘 바라보니 구름은 천리요
남쪽에서 떠도는 신세 물거품과 같구나.
술잔을 빗자루삼아 근심일랑 쓸어 버리고
달을 낚시삼아 시구(詩句)를 낚는다.
보림사를 다 보고 용천사로 오니
세속을 떠난 한가한 내 마음 비구승과 다름없네.

《감상》
이렇게 사는 것도 저렇게 사는 것도 모두 하늘에 달린 운명이다. 나는 내가 좋아하는 대로 유유히 한 세상 살리라. 사소한 근심일랑 한잔 술로 씻어 버리고, 달을 벗삼아 이 절 저 절 구경 다니니 마음에 욕심이 없어서 세속을 떠난 스님과 다를 없다.

爭鷄岩　쟁계암

雙岩並起疑紛爭　쌍암병기의분쟁
一水中流解忿心　일수중류해분심

쟁계암에서

쌍으로 된 바위가 서로 다투듯 서 있는데,
한 줄기 물이 가운데로 흐르며
분한 마음 풀어 주네.

《감상》
전라남도 강진군 보은사 부근에는 옛날부터 쟁계암이라고 하는 바위가 개울가에 나란히
마주 보고 싸우는 듯이 서 있었다. 그리고 그 두 바위 사이를 맑은 물이 흐르고 있다. 김
삿갓이 그 곳에 이르자 사람들이 이제부터는 이들 두 바위가 싸우지 않도록 글을 지어 달
라고 부탁한다. 이에 김삿갓은 물 한 줄기가 두 바위의 모든 울분을 씻어 주듯 그 사이로
흘러가니 이제부터는 싸우지 않으리라고 약속하는 내용의 글을 지었다.

제5장
소재별

木枕(목침) 외 34수

木枕 목침

撑來偏去伴燈斜　탱래편거반등사
做得黃粱向粟誇　주득황량향속과
爲體方圓經匠巧　위체방원경장교
隨心轉側作朋嘉　수심전측작붕가
五更冷夢同流水　오경냉몽동류수
一劫全生謝落花　일겁전생사락화
兩兩鴛鴦雙畵得　양양원앙쌍화득
平生合我一鰥家　평생합아일환가

목침

끌어당겨서 등짝을 비스듬히 베고 드러누우니
세상에 부러울 것 아무것도 없구나.
생김새 목수 솜씨 모나고 둥글지만
마음대로 구르니 좋은 친구 되었네.
새벽의 매정한 꿈은 유수처럼 흘러가고
오랜 전생의 일들 낙화처럼 아름다워,
한 쌍 원앙 그림 짝지어 그려 놓으니
평생에 나 같은 홀아비 집에 딱 맞도다.

《감상》
한갓 목침에 불과해도, 원앙침에 비길 만하다. 새벽 꿈도 잘 꾸고 전생(前生)의 일들이 낙
화처럼 아름다우니 좋은 친구로 충분하도다.

棋 기

縱橫黑白陣如圍	종횡흑백진여위
勝敗專由取捨機	승패전유취사기
四皓閑秤忘世坐	사호한칭망세좌
三淸仙局爛柯歸	삼청선국난가귀
詭謀偶獲攄頭點	궤모우획대두점
誤着還收擧手揮	오착환수거수휘
半日輪嬴更挑戰	반일윤영갱도전
丁丁然響到斜輝	정정연향도사휘

바둑

검은 돌 흰 돌, 가로세로 에워싸고
승패는 오직 때를 얻고 잃는 것.
상산 네 신선이 바둑으로 세상 잊고
삼청궁 신선 대국에 돌아갈 줄 잊었더라.
뜻밖의 속임수로 세력 뻗을 점도 얻고
잘못 두고 물려 달라 손을 홰홰 내젓는다.
한나절 승부 다툼 또다시 도전하고
쩡쩡 바둑돌 소리 비낀 석양 빛나네.

《감상》
바둑에 정신이 팔려 세상이 바뀌는 줄도 모른다. 바둑을 두는 사람들의 모습도 특색 있게
잘 묘사되어 있다.

眼鏡 안경

江湖白首老如鷗　강호백수노여구
鶴膝烏精價易牛　학슬오정가역우
環若張飛蹲蜀虎　환약장비준촉호
瞳成項羽沐荊猴　동성항우목형후
憂義濯濯穿籬鹿　우의탁탁천리록
快讀關關在渚鳩　쾌독관관재저구
少年多事懸風眼　소년다사현풍안
春陌堂堂倒紫騮　춘맥당당도자류

안경

강호의 늙은이가 백구처럼 늙어서
검은 알에 흰 테 안경을 쓰니.
고리눈은 장비 같아 촉의 범이 웅크렸고
겹눈동자는 항우요, 초나라 원숭이 목욕한 것 같도다.
언뜻 보면 알이 번쩍, 울타리 빠져나가는 사슴 같고
시경에 나오는 '관저편'을 신나게 읽어 대네.
젊은 것들은 멋으로 안경 걸치고
봄 언덕에 조랑말을 거꾸로 타고 거들먹거리는구나.

《감상》
칠언 율시 각 행의 끝 음이 모두 동물 이름이다. 안경 모양 묘사, 안경의 효용 등을 재치
있게 묘사한다.
맥(陌) : 밭 두둑길,
류(騮) : 당나귀, 조랑말

看鏡 간경

白髮汝非金進士 백발여비김진사
我亦靑春如玉人 아역청춘여옥인
酒量漸大黃金盡 주량점대황금진
世事纔知白髮新 세사재지백발신

거울을 보며

머리가 흰 당신은 김 진사가 아니로다
나도 청춘 때는 옥같이 고왔던 사람.
주량은 점점 늘고 주머니 돈 떨어져
세상을 겨우 알 만하니 백발이 되었구나.

《 감상 》
어느 날 거울을 보니 젊은 청춘의 옥 같은 얼굴은 간 데 없고 백발이 성성한 늙은 모습이
비친다. 방랑 생활 한평생에 는 것은 주량이요, 돈은 다 없어지고, 벌써 황혼이 다가왔구
나. 아! 무상한 인간의 일생이여.

- 213 -

網巾 망건

網學蜘蛛織學蛩　망학지주직학공
小如針孔大如篜　소여침공대여공
須臾捲盡千莖髮　수유권진천경발
鳥帽接羅摠附庸　조모접리총부용

망건

그물은 거미를 배우고, 베 짜는 건 여치를 배우니
작은 것은 바늘 구멍 같고 큰 것은 침 구멍 같도다.
잠깐 동안에 천 개 터럭 다 거두었고
새의 머리털과 접착제가 다 부용품이더라.

《감상》
김삿갓의 재주를 시험하려고 잘 쓰이지도 않는 어려운 자 蛩(공), 篜(공), 庸(용)자를 운자
로 써서 망건에 대한 시를 지으라고 주문했는데. 이에 즉시 대답한 시다.

攪車 교거

揮手一人力 휘수일인력
生花二木德 생화이목덕
耳出蒼蛙聲 이출창와성
口吐白雲色 구토백운색

씨아

손으로 돌리는 건 한 사람의 힘이요
목화를 피우는 건 두 나무의 덕이로다.
귀에서는 청개구리 우는 소리를 내고
입에서는 흰 구름을 토하는구나.

《감상》
목화 씨앗을 빼는 '씨아'는, 한 손으로 손잡이를 잡고 돌리며 목화를 나무 사이에 물리면, 뒤편으로 씨가 빠진 솜이 나온다. '씨아'에서 나무가 마찰하는 시끄러운 소리가 나고, 씨가 빠진 목화는 마치 흰 구름이 일 듯 뭉게뭉게 나온다. 그림자처럼 묘사가 잘 되고, 대구가 잘 갖추어진 시이다.

火爐 화로

頭似虎豹口似鯨　두사호표구사경
祥看非虎亦非鯨　상간비호역비경
若使雇人能盛火　악사고인능성화
可煮虎頭可煮鯨　가자호두가자경

화로

머리는 범과 같고 입은 고래 같으니
자세히 보면 범도 아니요, 고래 또한 아니로다.
만일 머슴이 불만 잘 담게 하면
범의 머리도 굽고 고래도 굽겠더라.

《감상》
놋쇠로 만든 화로의 머리는 범 같기도 하고 고래 같기도 하다. 그러나 그 화로에 불이 있어야만 방이 따뜻하고 화롯가에 갈 생각이 난다. 불이 없는 싸늘한 난로는 한낱 쇠붙이에 불과하지 진정한 화로의 구실을 못한다.
불 꺼진 화로를 보고 김삿갓은 그것이 마치 자신의 삶과도 같은 것이라고 생각하고 시 한 수를 읊었다.

燈 등

用似焚香慾返魂	용사분향요반혼
方生方死隔晨昏	방생방사격신혼
虞陶聖德從今覺	우도성덕종금각
燧鑽神功自古存	수찬신공자고존
滿腹出灰留客恨	만복출회유객한
終身吞炭報誰寃	종신탄탄보수원
靑樓煮酒會何日	청루자주회하일
天下英雄蛙可言	천하영웅와가언

등

향을 피워 쓰는 것은 죽은 혼 부르는 것
등잔불도 살았다 죽었다 아침저녁 되살아나네.
요·순의 성덕을 지금도 볼 수 있고
수인씨 공덕도 예로부터 잊지 않고 있었도다.
뱃속 가득한 그을음 토해 나그네 한 남기고
평생토록 숯을 삼켜 뉘 원통함 갚을 건가.
청루에서 술 데워 마시던 그 날이 언제인가
천하 영웅 벗하여 온 밤을 지새우네.

《감상》
처음으로 불을 밝혀 준 수인씨의 공덕, 도기를 만든 순 임금의 공덕이 합쳐져 등잔을 만들었다.

燈火 등화

檠長八尺掛層軒	경장팔척괘층헌
其上玉盃磨出崑	기상옥배마출곤
未望月何圓夜夜	미망월하원야야
非春花亦吐村村	비춘화역토촌촌
對筵還勝看白日	대연환승간백일
挑處能爲逐黃昏	도처능위축황혼
雖謂紅燈光若是	수위홍등광약시
時時寧照覆傾盆	시시영조복경분

등잔불

팔척 되는 높은 처마에 걸린 등
그 위의 옥 같은 곤륜 옥으로 만든 것.
보름달 아닌데 어찌 밤마다 둥글며
봄꽃도 아니면서 마을마다 피는가.
자리 깔고 앉으면 햇빛처럼 환하고
심지를 돋우면 능히 황혼을 쫓나니
누가 홍등을 이같이 밝다 하는고
때때로 그런 등잔불, 못 비치게 꺼 버리는 것을.

《감상》
보름달은 한 달에 한 번 뜨는 것. 하지만 등잔불은 날마다 밝혀 준다. 꽃처럼 마을마다 밝혀 준다.

白鷗 백구

沙白鷗白兩白白　사 백 구 백 양 백 백
不辨白沙與白鷗　불 변 백 사 여 백 구
漁歌一聲忽飛去　어 가 일 성 홀 비 거
然後沙沙復鷗鷗　연 후 사 사 부 구 구

갈매기

모래도 희고 갈매기도 희고 둘 다 희니
백사(白沙)와 백구(白鷗)를 구분할 수 없구나.
어가 일성(漁歌一聲)에 홀연히 날아오르니
그제야 모래는 모래, 백구는 백구대로 되더라.

《감상》
김삿갓이 임진강에 이르러 강변에서 쉬고 있었다. 하얀 모래 위에 하얀 갈매기들이 앉아
있다가 떼를 지어 날아가는 풍경을 읊었다.

鷄 계 1

擅主司晨獨擅雄　천주사신독천웅
緯冠蒼距拔於叢　위관창거발어총
頻驚玉兎旋藏白　빈경옥토선장백
每喚金烏卽放紅　매환금오즉방홍
欲鬪怒瞋瞳閃火　욕투노진동섬화
將鳴奮鼓翅生風　장명분고시생풍
多高五德標於世　다고오덕표어세
逈代桃都響徹空　형대도도향철공

닭 1

새벽을 다스리는 것은 오직 수탉에게 달렸는데
붉은 벼슬 푸른 발톱 유난히도 크구나.
자주 울에서 달 토끼 놀라게 함은 흰 빛을 감추게 하고
해를 재촉하여 밝은 빛을 풍기라는 뜻이로다.
싸우려고 성낼 때는 두 눈에 불이 붙고
목청 빼고 홰를 치면 날개에서 바람이 이네.
오덕으로 이름 높아 세상의 모범이 되고
먼 옛날 무릉 도원 하늘에 울어 길을 가리켰도다.

《감상》
옥토(沃兎) ; 달의 다른 이름. 금조(金烏) : 태양의 이명. 형대(迥代) ; 옛날. 도도(桃都) :
무릉 도원.
벼슬과 발톱이 유난히 큰 수탉은 새벽을 관장하는 왕이다. 그가 울면 닭이 놀라서 흰 빛
을 감추고, 해는 서둘러 하늘에 떠서 밝은 빛을 뿌린다.
싸우려고 성낼 때는 두 눈에서 불이 활활 나고, 한 번 날개를 벌려 홰를 치면 폭풍 같은
바람이 일 정도로 사나우나, 사람도 갖추기 힘든 오덕을 지녔기에 예로부터 많은 칭송을
받고 있다.

鷄 계 2

博翼天墟回斗牛　박익천시회두우
養墟物成異沙鷗　양시물성이사구
爾鳴秋夜何山月　이명추야하산월
玉帳寒淚營楚猴　옥장한루영초후

닭 2

날개를 치면 천시는 북두, 견우 돌리고
닭장 안에서 자란 성품이 사구(沙鷗: 갈매기)와는 다르더라.
가을 밤 어느 산의 달을 보고 울었기에
휘장 속의 초패왕을 눈물짓게 하였던고.

《감상》
날개로 홰를 쳐서 북두성, 견우성 등 모든 별들을 움직여 천시를 돕게 하니, 분명 닭은 갈매기 따위와는 비교도 안 된다.
가을 밤 달을 보고 울면 그 소리가 처량해서, 항우 같은 장사도 최후의 결전을 앞두고 눈물짓게 했던 닭을 잘 묘사하고 있다.
이 시는 1연과 2연이 바뀌고 제 4연이 다른 것도 있어 혼동을 유발한다.

魚腹葬 어복장

靑龍在左白虎右　청룡재좌백호우
天地東南流坐向　천지동남류좌향
龜頭碧波入短碣　구두벽파입단갈
雁足靑天來弔喪　안족청천래조상

수장을 하면서

좌청룡 우백호로 명당 자리 분명하고
천지는 동남으로 물 흐르는 좌향일세.
거북 머리로 푸른 파도 위에 비석을 삼으니
푸른 하늘 기러기들이 문상을 오는구나.

《감상》
백호 ; 흰 하루살이. 갈(碣) : 비석(碑石)
어느 고을에서 물에 빠져 죽은 시체를 발견했다. 동네 청년들과 힘을 모아 장사를 지냈는
데, 그를 묻은 자리를 살펴보니 산세는 좌청룡 우백호가 분명하고 자리도 좋아서 그런 대
로 묏자리로서 손색이 없었다.
옛 사람들은 서로 이별할 때는 대개 송별시를 주고받는데, 이 시는 장례를 마치고 떠나면
서 지은 송별시다.

老牛 노우

瘦骨稜稜滿禿毛　수골능릉만독모
傍隨老馬兩分槽　방수노마양분조
役車荒野前功遠　역거황야전공원
牧竪靑山舊夢高　목수청산구몽고
犍耦常疎閑臥圃　건우상소한와포
苦鞭長閱倦登皐　고편장열권등고
可憐明月深深夜　가련명월심심야
回憶平生謾積勞　회억평생만적로

늙은 소

뼈는 앙상하고 문들어진 털이 가득한데
곁에 있는 늙은 말과 한 마구간 쓰는구나.
황야에서 수레 끌던 예전의 공은 멀어지고
목동과 푸른 들에서 노닐던 그 시절이 꿈 같구나.
힘든 쟁기 이제 물리치고 한가히 밭에 누워 지내고
모진 채찍 맞으며 언덕에 오르던 시절이 괴로웠었지.
가련하다, 달 깊어 가는 깊고 깊은 이 밤에
한평생 부질없이 쌓은 노고, 평생을 돌이켜 보네.

《감상》
젊을 때 힘차게 끌던 수레도 쟁기질도 이제는 모두 면하고 편히 밭에 누워서 지내지만,
몸의 살은 빠져 뼈만 앙상하게 남았고 윤기 나던 털은 문들어지거나 벗겨지고 말았다.
무상한 한평생은 인간에게나 동물에게나 모두 다를 바가 없다. 달 밝은 깊은 밤에 지난
날을 생각하니 기뻤던 일 슬펐던 일 모두가 한바탕 꿈에 불과하다.

猫 묘 1

三百群中秀爾才　삼백군중수이재
乍來乍去不飛埃　사래사거불비애
行時見虎暫藏跡　행시견호잠장적
走處逢尨每打腮　주처봉방매타시
獵鼠主家雖得譽　엽서주가수득예
捉鷄隣里豈無猜　착계인리기무시
南街北巷啼歸路　남가북항제귀로
能怯千村夜哭孩　능겁천촌야곡해

고양이 1

많은 짐승들 중에 네 재주가 으뜸이라
잠깐 오고 감에 먼지 하나 날리지 않네.
가다가 범을 보면 잠시 자취를 감추고
뛰다가 개를 보면 매양 뺨을 치더라.
주인에게 쥐를 잡아 칭찬을 얻지만
닭을 잡으니 이웃 마을에서 어찌 미움 안 사겠나.
남쪽 북쪽 온 동네 울고 돌아가는 길에
밤에 우는 아이들 겁먹게 하더라.

《감상》
고양이의 습성을 잘 묘사한 글이다. 자기보다 더 강한 호랑이가 나타나면 종적을 감추었
다가도 만만한 삽살개를 만나면 마냥 볼을 때리면서 놀려댄다.

猫 묘 2

乘夜橫行路北南　승야횡행로북남
中於狐狸傑爲三　중어호리걸위삼
毛分黑白渾成繡　모분흑백혼성수
自挾靑黃半染藍　자협청황반염람
貴客床前偸美饌　귀객상전투미찬
老人懷裡傍溫衫　노인회리방온삼
那邊雀鼠能驕慢　나변작서능교만
出獵雄聲若大膽　출렵웅성약대담

고양이 2

밤을 타고 남북 길을 橫行(횡행)하니
너는 여우, 이리와 더불어 밤의 세 걸물이로다.
검은 털에 흰 털로 고운 무늬를 수 놓았고
푸르고 누런 눈동자의 반은 남빛일러라.
귀객(貴客)의 밥상에서 맛난 반찬 훔쳐내고
노인 품 속에 안겨서 따뜻한 비단 옷을 걸치더라.
참새나 쥐 따위가 어찌 교만을 피우느냐
사냥할 때 치는 큰 소리가 들리지 않느냐.

《감상》
소는 열심히 일을 하고 닭은 시간을 알리고 알을 낳아 주며 개는 집을 지켜 준다. 그런데 고양이는 하는 일이 별로 없으면서도 얌체 짓만 골라서 한다. 귀한 손님의 밥상에서 맛있는 음식을 훔쳐 먹고 노인의 품 속에 기어들어가 따뜻한 비단 옷에 파묻혀 편안히 잠을 잔다. 그러나 참새나 쥐를 사냥할 때의 그 날쌘 동작은 비호 같다.

鳳凰 봉황

鳳飛靑山鳥隱林 봉비청산조은림
龍登碧海魚潛水 용등벽해어잠수

봉황

봉황새가 청산에 날아드니 새들이 숲에 숨고
용(龍)이 벽해(碧海)에 나타나니 물고기들 물 속에 잠기더라.

《감상》
세상에는 소인배들이 너무나 많다. 참새 떼들이나 물 속의 잡어 같은 무리들이 어찌 감
히 고고한 용이나 봉황의 뜻을 알 수 있겠는가.
이 시는 그러한 소인배들을 한탄하면서 지은 글이다.

蛙 와

草裡逢蛇恨不飛 초리봉사한불비
澤中冒雨怨無簑 택중모우원무사
若使世人敎拑口 약사세인교겸구
夷齊不食首陽薇 이제불식수양미

개구리

풀 속에서 뱀을 만났을 때 날지 못함이 한스럽고
연못에서 비를 만나면 도롱이 없어 한스럽네.
개구리같이 말 많은 세상 입 다물게 했더라면
백이 숙제도 수양산 고사리 안 먹어도 될 것을.

《 감상 》
세상을 부정적으로 사는 사람은 늘 말 많고 불평이 많은데, 그것은 마치 물가에서 우는
개구리와 같다.
그들이 하는 말들을 개구리가 울어대는 것에 비유해서 쓴 글이다.

虱

飢而吮血飽而擠　기이연혈포이제
三百昆蟲最下才　삼백곤충최하재
遠客懷中愁午日　원객회중수오일
窮人腹上聽晨雷　궁인복상청신뢰
形雖似麥難爲麴　형수사맥난위국
字不成風未落梅　자불성풍미락매
問爾能侵仙骨否　문이능침선골부
麻姑搔首坐天台　마고소수좌천태

이

굶주리면 피를 빨고 배 부르면 떨어지니
많은 벌레들 중에 가장 하등일세.
먼 길 가는 나그네 품속 잡힐까 근심하고
주린 사람 배 위에서 새벽 우레 소리 듣는구나.
모양은 비록 보리 같으나 누룩이 될 수 없고
글자는 바람 풍자 못 이루니 매화 꽃도 못 떨구네.
네 이놈 감히 신선의 선골(仙骨)도 범하겠는가
마고(麻姑) 할멈 머리 긁으며 천태산에 앉았는데.

《감상》
생긴 모양이 보리 같으나, 보리가 아니라서 누룩이 될 수 없고, 글자로 해석하면 획이 하나 없어서 風(풍)자를 못 이루니 매화 꽃도 떨어뜨릴 수 없다는 표현은 매우 재미있다.
遠客懷中愁午日(원객회중수오일 : 먼 길 가는 나그네가 옷을 벗어 들고 이를 잡을까 두려워한다는 뜻).

- 228 -

魚 어

遊泳得觀底好時　유영득관저호시
錦潭斜日綠楊垂　금담사일록양수
銀飜如霧鸎相花　은번여무앵상화
玉躍旋潛鷺獨知　옥약선잠로독지
影醋橫雲嫌罟陷　영초횡운혐고함
光沈初月似釣疑　광침초월사조의
歸來森列變眸下　귀래삼열변모하
畫出心頭一幅奇　화출심두일폭기

물고기

연못 속에서 뛰노는 물고기가 훤히 보이고
해 저무는 맑은 연못 가의 수양버들 치렁치렁
은린(銀鱗)이 춤추면 꾀꼬리 화답하고
옥같이 뛰고 잠기면 간 곳은 백로(白鷺)만이 아네.
구름 그림자가 물 속에 어리면 그물인가 겁을 내고
초승달 물에 잠기면 낚시인가 의심하더라.
돌아와 두 눈 감아도 노는 물고기 모습이 연연하여
마음 속에 한 폭의 그림이 떠오르도다.

《감상》
물고기들이 뛰노는 모습과 연못이 잘 표현되었다. 주변의 꾀꼬리, 백로, 수양버들, 초승
달, 구름까지 묘사를 잘 했다. 문장 표현이 뛰어나다.

磨石 마석

水能山骨作圓圓 수능산골작원원
天以巡還地自安 천이순환지자안
隱隱雷聲隨手去 은은뇌성수수거
四方飛雪落殘殘 사방비설낙잔잔

맷돌

둥글둥글 그 돌은 누가 만들었을까
하늘은 쉬지 않고 돌아도 땅은 돌지 않는다.
은은한 천둥 소리 손 가는 대로 나더니
사방으로 눈싸라기 날리다 잔잔하게 떨어지네.

《감상》
하늘은 위쪽 맷돌, 땅은 아래쪽 맷돌을 말한다.

松䭏 송편

手裏迴迴成鳥卵　수리회회성조란
指頭個個合蚌唇　지두개개합방순
金盤削立峰千疊　금반삭립봉천첩
玉箸懸登月半輪　옥저현등월반륜

송편

손 속에 넣고 뱅뱅 돌려 새알을 만들고
손가락 꼭꼭 눌러 조개 입술 합치네.
금쟁반에 봉우리 천 개를 쌓아 올리고
옥젓가락 집어 든다, 반달 같은 송편을.

《감상》
명절이 되면 늘 서러운 것이 나그네 마음이다. 송편을 빚는 것을 보며 고향을 생각하는
김삿갓의 송편에 관한 시이다. 젓가락으로 반달을 집어 든다는 표현은 참으로 절묘한 구
절이다.

窓 창

十字相連九字橫　십자상련구자횡
間間棧道峽如巴　간간잔도협여파
隣翁順塾低首入　인옹순숙저수입
稚子難開擧手爬　치자난개거수파

창

십(十)자가 서로 연(連)하고 구(口)자가 나란한데
그 사이사이 좁은 길이 험한 파촉(巴蜀) 잔도 같더라.
이웃 늙은이는 익숙해서 머리를 숙여 들어오고
어린 아이는 열지 못해 손을 들어 만지는구나.

《감상》
복잡하게 얽힌 문살의 모양이 눈에 보이는 것만 같다. 이웃집 노인은 늘 드나들기 때문에
머리를 숙여 이마를 부딪치지 않고 잘도 들어오는데, 어린 아이는 손이 닿지 않아 문을
열지 못하는 모양이 잘 묘사되어 있다.

鷹 응

```
萬里千如咫尺間    만리천여지척간
我從某岫又兹山    아종모수우자산
平林搏兎何雄壯    평림박토하웅장
也似關公出五關    야사관공출오관
```

매

아득한 만리 하늘 지척(咫尺)같이 가까워
저 산에서 번쩍하다가 이 산으로 날아들도다.
숲 속에서 토끼를 잡으니 어찌 그리 웅장(雄壯)하냐
마치 관우가 五關(오관)을 돌파한 것 같구나.

《감상》
날렵한 매가 이 산 저 산 누비며 사냥을 하는 것이, 마치 삼국지에 나오는 관운장과 같이
당당하다고 표현하는 것이 재미있다.

錢 전

周遊天下皆歡迎　주유천하개환영
興國興家勢不輕　흥국흥가세불경
去復還來來復去　거부환래래부거
生能捨死死能生　생능사사사능생

돈

온 천하를 돌아다녀도 모두가 너를 환영하고
나라와 집도 흥하게 하니 그 힘 어찌 가볍다 하리.
갔다가도 다시 오고 왔다가도 다시 가며
살 놈도 죽이고 죽을 놈도 살리는구나.

《감상》
실로 돈은 누구에게나 환영받는 존재다. 온 천하 어디에 가도 싫어하는 사람이 없다. 별
것 아닌 것이 집안도 나라도 흥하게 만드는 힘을 가졌으니 가볍게만 볼 수 없다. 뿐만 아
니라 살 사람도 죽이고, 죽을 사람도 살리는 무궁한 힘을 가진 것이 또한 돈이다. 돈의 무
궁한 힘을 읊은 시이다.

萱草 훤초

觀萱点歷是唐虞	관훤점역시당우
創始軒皇化鼎湖	창시헌황화정호
春夏秋冬相遞永	춘하추동상체영
弦望晦朔各分弧	현망회삭각분호
都包高庳玄黃理	도포고비현황리
備載坎離紫白圖	비재감리자백도
三十六旬成十二	삼십육순성십이
均其大小尹其餘	균기대소윤기여

원추리

너[원추리] 보고 달력 삼은 것은 순 임금 때부터라.
창시하신 헌원 황제 정호에 가시다
춘하추동 변화가 서로 바뀌고
반달, 온달, 그믐, 초승달이 나뉘네.
높고 낮은 우주 이치 다 포함하고
감리의 오묘한 이치 갖추고 있네.
삼백육십 일이 열두 달을 이루니
큰 달과 작은 달 고르는 것 윤달이로구나.

《감상》
달력이 없던 고대 시절에 이 식물의 변화를 보고 달력을 삼았다. 15일까지 하루에 잎이
하나씩 자라고, 매일 한 껍질씩 시든다고 한다.

煙竹 연죽 1

身體長蛇項似鳶　신체장사항사연
行之隨手從隨筵　행지수수종수연
全州來去千餘里　전주래거천여리
幾度蒼山幾度船　기도창산기도선

담뱃대 1

그 몸은 뱀 같고 목은 솔개 같으며
걸을 땐 손에 있고 앉으면 자리를 따라오는구나.
전주를 오가는 천리가 넘는 머나먼 길에
너도 몇 번이나 청산을 건너고 배를 타기 몇 번이던가.

《감상》
정처 없이 방랑하는 몸, 갈 곳도 없고 못 갈 곳도 없다. 담뱃대와 지팡이만이 오직 충직한
길동무요, 늘 함께 하는 벗이다. 그래서 담뱃대를 놓고 시 한 수를 지었다.

煙竹 연죽 2

圓頭曲項又長身　원두곡항우장신
銀飾銅裝價不貧　은식동장가불빈
時吸靑煙能作霧　시흡청연능작무
每焚香草暗消春　매분향초암소춘
寒燈旅館千愁伴　한등여관천수반
細雨江亭一味新　세우강정일미신
斑竹年年爲爾折　반죽년년위이절
也應堯女泣湘濱　야응요녀읍상빈

담뱃대 2

둥근 머리 굽은 목에 길기도 한 몸
은 장식 동 장식에 값도 싸지 않으리.
때때로 푸른 연기 안개가 자욱
향초가 탈 때마다 봄 기운도 사라지네.
쓸쓸한 여관에서 걱정도 함께 하고
가랑비 오는 강변 정자에서는 이 맛이 새롭고
해마다 너를 위해 반죽(斑竹)을 잘라내니
응당 요나라 공주가 상강 가에서 울리라.

《 감상 》
담뱃대 모양, 담배 피우는 모습이 잘 묘사되었다. 요 임금의 딸이 순 임금의 왕비가 되었
는데, 순 임금이 죽은 후에 상강에서 죽는다. 그 때 흘린 눈물로 얼룩무늬 대나무가 되었
다는 이야기. 담뱃대 만들 때 꺾이는 반죽(斑竹) 때문에 왕비가 울겠구나.

將棋　장기

詩友酒朋意氣同　시우주붕의기동
戰場方設一堂中　전장방설일당중
飛包越處軍威壯　비포월처군위장
猛象蹲前陳勢雄　맹상준전진세웅
直走輕車先犯卒　직주경차선범졸
橫行駿馬每窺宮　횡행준마매규궁
殘兵散盡連呼將　잔병산진련호장
二士難存一局空　이사난존일국공

장기

글 친구와 술 친구 뜻이 맞아서
대청 한가운데 장기판 벌였구나.
포(包)가 날아 넘는 곳엔 위세 등등하고
사나운 상(象) 도사려 진세 웅장하도다.
곧장 달리는 날렵한 차(車) 먼저 졸(卒) 잡고
옆으로 빠른 마(馬)는 매양 궁[漢(한)·楚(초)]을 엿본다.
잔병[兵(병)] 모두 흩어지고　연거푸 장 부르니
두 선비[士(사)] 감당 못해 한 판을 지네.

《감상》
주객과 시우들이 모여 장기판을 벌여 놓았다. 포, 상, 차. 졸, 마, 사 등의 활약상을 실감
나게 그렸다.

織錦 직금

煙梭出沒輕似鳧 연사 출몰 경 사 부
響入秦天野半烏 향 입 진 천 야 반 오
聲催月戶鳴機蟀 성 취 월 호 명 기 솔
巧學風簷繹絡蛛 교 학 풍 첨 역 락 주
但使織成紅錦貝 단 사 직 성 홍 금 패
何須願得白裘狐 하 수 원 득 백 구 호
曝晒於陽光鶴鶴 포 패 어 양 광 학 학
吳門誰識絹如駒 오 문 수 식 견 여 구

비단 짜기

북이 오가는 모양, 물오리처럼 가볍고
소리는 진나라 하늘 까마귀 소리 같네
달 비치는 창 밖에서 우는 귀뚜라미 소리
베 짜는 재주는 처마 끝 그물 짜는 거미라.
이것으로 붉은 비단 짠다면
어찌 여우 흰 털 얻기 원하리오.
햇볕 널면 빛이 학과 같이 희니
오나라 지나던 안자 흰 망아지로 속았네.

《감상》
베 짜는 모양, 베 짜는 소리를 잘 표현했다. 비단 짜는 기술자는 거미의 재주를 가지고 있
다.

狗 구

稟性忠於主饋人　품성충어주궤인
呼來斥去任其身　호래척거임기신
跳前搖尾偏蒙愛　도전요미편몽애
退後垂頭却被嗔　퇴후수두각피진
職察奸偸司守固　직찰간투사수고
名傳義塚領聲頻　명전의총영성빈
褒勳自告旋帷蓋　포훈자고선유개
反怪無力尸位臣　반괴무력시위신

개

타고 난 품성이 밥 주는 주인에게 충성스러우니
부르면 오고 물리치면 가서 그 몸을 맡기더라.
꼬리 흔들며 달려오니 귀여움은 독차지요
꾸짖으면 뒤로 물러나 꾸중 들을 줄도 아네.
직분은 간사한 도둑을 살펴 지킴을 굳게 하고
때때로 의총을 받들어 자주 칭찬 받더라.
공훈을 기리어 예로부터 유개를 베푸니
능력도 없이 벼슬하는 벼슬아치가 오히려 부끄럽구나.

《감상》
옛날부터 인간과 공생하는 개를 그린 시이다.
배신 모르는 가장 충직한 동물이 개 아닌가. 이런 개를 보고 능력 없는 벼슬아치는 부끄
러워해야 한다고 풍자한 시.

筆 필

四友相須獨號君　사우상수독호군
中書總記古今文　중서총기고금문
銳精隨世昇沈別　예정수세승침별
炎舌由人巧拙分　염설유인교졸분
畵出蟾烏照日月　화출섬오조일월
模成龍虎動風雲　모성룡호동풍운
管城歸臥雖衰禿　관성귀와수쇠독
寵擢當時最有勳　총탁당시최유훈

붓

사우(四友)가 어울린 중에 홀로 '君(군)'이란 칭호 받으니
그대 붓은 고금(古今)의 천 권 만 권 글을 썼기 때문이라.
날카로운 재주 따라 세상의 출세와 침체가 구분되고
붓끝으로 말미암아 수단의 있고 없음이 분별된다.
두꺼비와 까마귀를 일월 아래 그려 낼 수 있고
용과 호랑이 그리면 마치 산 놈처럼 풍운이 일어난다.
할 일을 다 하고 드러누우니 비록 몽당붓이 되었건만
지난 날 활약한 공이 네가 가장 크도다.

《감상》
고금의 좋은 글들이 붓에 의해서 옮겨졌다. 붓에 따라 출세와 낙오, 성공과 실패가 좌우
되었다.

影 영

進退隨儂莫汝恭　진퇴수농막여공
汝儂酷似實非儂　여농혹사실비농
月斜岸面驚魁狀　월사안면경괴상
日午庭中笑矮容　일오정중소왜용
枕上若尋無覓得　침상약심무멱득
燈前回顧忽相逢　등전회고홀상봉
心雖加愛種無信　심수가애종무신
不映光明去絶蹤　불영광명거절종

그림자

나를 따라 오고 감이 너보다 겸손한 자 없고
나와 비슷해도 실제로 네가 나는 아니네.
달 비치는 언덕에서 놀랍도록 괴상하고
한낮 마당에 비치면 우스운 꼴의 난쟁이.
자리에 누우면 너를 찾을 길 없다가도
등잔 앞 돌아보면 홀연히 만나네.
마음으로 아끼고 싶으나 끝내 믿음이 없어
빛이 없어지면 종적을 아예 감추는구나.

《감상》
그림자. 본성이 충성스러워 하는 짓을 그대로 따라 하지만, 실상은 나 자신이 아니다. 비추는 대상에 따라 여러 가지 형상으로 달라지지만 빛이 없어지면 그림자도 따라 사라진다.

硯 연

腹坦受磨額凹池　복탄수마액요지
拔乎凡品不礫奇　발호범품불책기
濃硏每値工精日　농연매치공정왈
寵任常從與逸時　총임상종여일시
楮老敷容知漸變　저노부용지점변
毛公尖舌見頻滋　모공첨설견빈자
元來四友相須力　원래사우상수력
圓會文房似影隨　원회문방사영수

벼루

평탄한 배는 먹을 갈고 이마는 움푹 패인 연못이니
보통 돌로 만들되 귀한 돌은 아니라네.
진하게 먹을 갈 때 공정(工精)하는 보람이 있고
즐겁고 흥겨울 때마다 너를 만나리.
종이 펴 놓고 글을 쓰면 그 얼굴이 점점 변함을 알겠고
붓의 뾰족한 혀 끝을 자주 적심을 보겠더라.
원래부터 문방 사우들이 서로 의지하고 화합하여
필요할 때 함께 모여 그림자처럼 따르네.

《감상》
벼루는 원래 귀한 옥돌이 아닌 평범한 돌로 만든다. 선비는 먹을 갈 때 보람을 느끼고 흥
겨울 때 벼루를 당겨 붓을 적신다. 문방사우(文房四友)가 서로 협력하여 좋은 친구가 되
고 서로 의지한다는 것을 시로 썼다.

제6장
파짜시, 언문시

胡地花草(호지화초) 외 11수

胡地花草 호지화초

胡地無花草　호지무화초
胡地無花草　호지무화초
胡地無花草　호지무화초
胡地無花草　호지무화초

오랑캐 땅의 화초

오랑캐 땅에는 화초가 없다고 하지만
오랑캐 땅이라고 어찌 화초가 없겠나.
오랑캐 땅에는 화초가 없더라도
어찌 땅엔들 화초가 없으리.

《감상》
이 작품을 푸는 열쇠는 시 자체가 아니라, 토 달기에 있다. 또한 '호'자에는 오랑캐라는
명사와 '어찌'라는 부사의 뜻이 있다. 이 시는 시라기보다는 말장난을 통해 수수께끼를 푸
는 재미를 느낄 수 있다.

破韻詩 파운시

頭字韻中本無春 두자운중본무춘
呼韻先生似變頭 호운선생사변두
飢日常多飽日或 기일상다포일혹
客到門前立筇太 객도문전입공태

운자를 파괴한 시

머리 두(頭)자 운부에는 춘(春)자가 없는데
운 부르는 선생 머리 돈 것 같네.
굶는 날 항상 많고 배부른 날 가끔 있어
나그네 문 앞에서 지팡이 '콩' 하고 세우네.

《감상》
시 짓기 내기를 했다. 춘, 두, 혹, 태(春, 頭, 惑, 太) 자를 운으로 시를 지으라고 한다. '客
到門前立筇太(객도문전입공태)"에서 콩 太(태) 자를 지팡이 세우는 '콩'하는 소리로 해서
지었다.
2행의 변두(變頭)를 현두(賢頭)로 표현하기도 한다.

- 247 -

破子詩 파자시

하인 人良且八 인량차팔하오리까.
주인 月月山山 월월산산커든
김삿갓 犬者禾重 견자화중이 丁口竹天 정구죽요로다.

가소롭다

(하인)
식구(食具)/ 밥상 준비가 되었는데(내어 오리까?)
(주인)
붕출(朋出)/친구 가거든(밥상을 내오너라.)
(김삿갓)
저종(猪種)/ 가소(可笑) (저 혼자만 먹을 줄 아는) 돼지 같은 놈의
꼴이 가히 우습다.

《감상》
마치 암호가 오고가는 것 같다. 어느 유식한 사람의 집 사랑채에서 문답하는 진풍경을 본
다. 김삿갓은 이 유식한 사람의 집, 욕심 많은 돼지 집에서 웃으며 나와 버렸다.
◎ 人良且八 → 食具
◎ 月月山山 → 朋出
◎ 犬者禾重 → 猪鍾[돼지 종자]
◎ 丁口竹天 → 可笑

天脫冠 천탈관

天脫冠兩得一點　천탈관량득일점
乃失杖兩橫一帶　내실장량횡일대

개새끼

(天) 하늘 천자가 갓을 벗고 한 점을 얻었고 犬(개)
(乃) 이에 내 자가 지팡이를 잃고 한 일자를 띠었도다.
子(아들)=犬子(개자식, 개새끼)

《감상》
한문 글자를 변형하는 시로서 하고자 하는 말을 표현하는 방법을 사용했다. 개자식이라는
말을 시를 써서 점잖게 표현하고, 속으로 비웃은 것이다.

諺文眞書 섞어 作 언문진서 섞어 작

言文眞書 섞어 作 언문진서 섞어 작
是耶非耶皆吾子 시야비야개오자

한글과 한문을 섞은 시

국문과 한문을 섞어 지은 내 시를
옳다 그르다 하는 놈들은 모두 내 아들놈

《감상》
사대주의 사상이 농후한 그 당시의 선비들은 국문과 한문을 섞어서 지은 김삿갓의 시를
보고 너무나 말들이 많았다. 그래서 김병연은 그런 몰지각한 무리들에게 욕을 퍼부었다.

諺文風月 언문풍월

靑松듬성담성立 청송듬성담성립
人間여기저기有 인간여기저기유
所謂엇뚝삣뚝客 소위엇뚝삣뚝객
平生쓰나다나酒 평생쓰나다나주

언문풍월

푸른 소나무는 듬성담성 서 있고
사람들은 여기저기 앉아 있네.
엇뚝삣뚝 다니는 나그네
한평생 쓰나다나 술만 마시네.

《감상》
솔밭에 모여 야유회를 한다. 소나무는 듬성듬성 서 있는데 사람들은 여기저기 모여 앉아
저마다의 이야기에 열을 올리고 있다. 모두 다 똑똑한 사람들이어서 이러쿵저러쿵 말도
많다, 그 말에 관여하지 않고 오직 평생 동안 마시던 술이나 또 마시련다.

開春詩會 개춘시회

데걱데걱登南山 데걱데걱 등남산
씨근벌떡息氣散 씨근벌떡식기산
醉眼朦朧굽어觀 취안몽롱굽어관
울긋불긋花爛漫 울긋불긋화란만

봄 시회에서

데걱데걱 남산으로 올라오니
씨근벌떡 숨이 매우 차구나.
취한 눈 몽롱하게 경치를 굽어보니
울긋불긋 꽃들이 아름답게 피었네.

《감상》
봄이 오자 남산에서 시회를 연다고 한다. 글 재주도 없는 양반집 도련님들이 모여앉아 야
단법석들이다. 구경하는 김삿갓에게도 시를 지어 보라고 한다. 그들을 야유하는 뜻으로
국문을 섞어서 한 수 지었다.

祝文詩 축문시

年年臘月十五夜 연년납월십오야
君家祭祀乃自知 군가제사내자지
祭奠登物用刀疾 제전등물용도질
憲官執事皆告謁 헌관집사개고알

욕으로 된 축문시

해마다 돌아오는 섣달 보름날 밤이
그대 집 제삿날인 줄 내 스스로 알았노라.
제사에 올린 음식은 칼 솜씨도 빨라서
憲官(헌관)과 執事(집사)는 모두 엎드려 아뢰는구나.

《감상》
어느 제삿집에 갔더니 몹시 푸대접을 한다. 화가 난 김삿갓은 이상과 같은 욕이 담긴 시를 지었다. 각 구절의 끝 3자를 우리 말 발음으로 과장해서 읽어 보면 '썹오야', '내 자지', '용두질', '개공알' 등이다.
한시로서의 뜻도 통하면서 우리말로 욕도 할 수 있는 재주는 김삿갓 아니면 누구에게도 없을 것이라고 생각한다.

사또의 답장

來不往 내불왕
來不往 내불왕

답장 해석

來不(내불)이라도, 往(왕)할 텐데
來(내)하였으니 不往(불왕)하리오.

오지 말래도 갈 텐데
오라 하였으니 어찌 안 가리오.

《 감상 》
사또한테서 친구 오 진사에게 답장이 왔는데, 해석을 못 하고 있었다. 김병연이 이를 해석해 주었다.
來不, 往 내불, 왕 → 오지 말라고 해도 간다.
來, 不往 내, 불왕 → 오라고 했으니, 어찌 안 가리오.

濁酒來期 탁주 내기

主人呼韻太環銅 주인호운태환동
我不以音以鳥熊 아불이음이조웅
濁酒一盆速速來 탁주일분속속래
今番來期尺四蚣 금번래기척사공

탁주 내기

주인이 운자를 너무 '고리'고 '구리'게 부르니
나는 '음(音)'으로 하지 않고 '새김'으로 하겠네.
탁주(濁酒) 한 동이 속속(速速)히(어서 어서) 가져오게
이번 내기는 '자네'가 '지네'.

《감상》
어느 주막에서 주인과 시 짓기 내기를 하게 되었다. 주인은 운자로 동, 웅, 공(銅熊蚣) 석
자를 불렀다. 김삿갓은 특유의 재치를 발휘해서 새김으로 재미있는 시를 지었다.
1줄 : 環(고리) / 銅(구리)
2줄 : 鳥熊(새곰 / 새김)
4줄 : 尺四(자네) / 蚣(지네)

僧俗問答 승속문답

행자 芹有淑而無姪 근유숙이무질
　　　鼠有婦而無姑 서유부이무고
김삿갓 미나리아재비라는 풀은 있어도
　　　미나리조카라는 풀은 없고,
　　　쥐며느리라는 벌레는 있어도
　　　쥐시어머니라는 벌레는 없다.

행자 春哲秋, 畫摘夜
김삿갓 봄에 갈[葦(위)]을 꺾고 낮에 밤[栗(율)]을 딴다.

행자 鳥去枝二月 조거지이월
　　　風來葉八分 풍래엽팔분
김삿갓 새가 날아가니,
　　　나뭇가지가 한달한달[한 달+한 달=두 달] 흔들려서
　　　두 달이 되고
　　　바람이 불어 오니까
　　　나뭇잎이 너풀너풀[너 푼+너 푼=팔 푼] 흔들려서
　　　팔푼이 된다.

행자 花樹花花立 화수화화립
　　　松風松松吹 송풍송송취
김삿갓 꽃나무는 꼿꼿이 서 있고,
　　　솔바람은 솔솔 불어 온다,

스님과의 문답

행자 家貧雙月少 가빈쌍월소
     衣幣半風多 의폐반풍다
김삿갓 집이 가난하면 친구가 적고
      옷이 낡으면 이가 많아진다.
행자 人皆以三十日爲一月 인개이삼십일위일월
     吾獨以二十五日爲一月 오독이이십오일위일월
김삿갓 남들은 열흘이 세 개인 것을 가지고 한 달이라고 하지만,
      나는 15일이 두 개인 것을 가지고 한 달이라고 말한다.
행자 世皆以虧月爲半月 세개이휴월위반월
     吾獨以滿月爲半月 오독이만월위반월
김삿갓 세상 사람들은 모두들 이지러진 달을 반달이라고 말하지만,
      나는 보름날 밤에 떠오르는 둥근 달을 반월이라고 말 하오.
      곧 "세상 사람들은 반월 행자를 이지러진 달처럼 못난 사
      람이라고 말하지만, 나만은 반월 행자를 보름달처럼 원만
      한 사람으로 보고 있소이다." 라는 속뜻이 있다.
행자 세상 사람들은 이지러진 달을 반달이라고 하지만, 선생만
      은 보름달을 가지고 반달이라고 말씀하시는군요?
      결국 김 선생님은 '반월'이라는 제 이름을 가지고 문제를
      내겠노라고 약속하셨으니, 그렇다면 이 문제는 저를 보름
      달처럼 원만한 사람이라고 칭찬해 주시는 말씀이로군요.

《감상》
석왕사에서 있었던 반월 행자 스님과의 문답이다. 난해하기 이를 데 없는 문제를 제시해
서 김삿갓의 기개를 꺾어 보려고 했으나 김삿갓이 막힘 없이 풀어 낼 뿐만 아니라, 끝 구
에서는 행자 스님을 추켜 세우는 글귀를 보태어 행자 스님을 감동시켰다.

제7장
최근에 발견된 시

無等山(무등산) 외 3수

무등산

無等山高松下在 무등산고송하재
赤壁江深沙上流 적벽강심사상류

무등산 적벽강

무등산이 높다 해도 소나무 아래 있고
적벽강이 깊다 해도 모래 위로 흐르네.

《감상》
아마도 김병연 시인은 무등산과 적벽을 여러 번 오간 것이라고 짐작된다. 광주에서 가게
되면 무등산 장불치를 넘어 적벽을 거쳐 동복에 이르게 된다.

郡樓 군루

郡樓乘曉上　군루승효상
盡日不能回　진일불능회
晩色將秋至　만색장추지
長風送月來　장풍송월래

군루에 올라

군청 망루에 새벽 일찍 올라가
하루 다 가도록 돌아올 줄 모르네.
저녁놀 빛은 장차 가을 오려는가
긴 바람 불더니 저녁 달이 떠오르네.

《감상》
김병연이 전라도 화순 동복, 당시 현청사 앞에 있었던 군루[俠仙樓(협선루)]에 올라가 지은 시라고 전해진다. 남북으로 흐르는 동복천, 서북편으로 솟아 있는 무등산을 바라보는데, 어느 새 동산에 달이 뜬다.

同福 동복

牛轞書架數卷冊　반휴서가수권책
世世傳傳一個硯　세세전전일개연
墨香深醉心自閑　묵향심취심지한
微軀此外何所求　미구차외하소구
(性深書于同福　성심서우동복)

동복에서

낡은 서가에는 책이 몇 권 꽂혀 있고
대대로 전해 오는 벼루 하나가 보인다.
묵향에 깊이 취해 마음 절로 한가한데
미천한 몸 이것밖에 무엇을 더 구하리.
(성심 김병연 동복에서 친필로 쓰다)

《감상》
김병연이 마지막 부분의 생을 보냈던 화순의 동복, 머물던 집 안의 분위기가 짧고 간단하게 잘 표현되어 있다. 나그네도 여유가 있어 보였다.
(친필로 여겨지는 작품이 남아 있다.)

조선 민중의 언어, 최상의 시인

되살아난 김삿갓 시혼(詩魂)

2021년 7월 10일 초판 인쇄
2021년 7월 15일 초판 발행

엮은이 : 박 종 수 (朴 鍾 洙)
번역 · 감수 · 그림 : 류훈 (柳薰)
펴낸이 : 정영희 외 1명
펴낸곳 : (유)한국영상문화사
주 소 : 서울특별시 영등포구 신길로23길
전 화 : (02) 834-1806-7
팩 스 : (02) 834-1802
등 록 : 1991년 5월 3일(제 2017-000109)
ISBN : 979-11-96221737

정가 15,000원